조민정 (Jamie Cho)

English&ℓ 북스

초판 1쇄 발행 2015년 8월 10일

지은이   조민정 (Jamie Cho)
펴낸이   박성호
펴낸곳   잉글리쉬앤 (주)

총 괄   이용선
기 획   윤호재, 박고우니
편 집   박고우니
디자인   최진영

주소   서울 특별시 관악구 쑥고개로 67-1
대표전화 (02) 878-1945
출판등록 2002년 3월 3일 제 320-2002-00045호

ISBN 978-89-6715-067-9 13740

저작권자 2015 잉글리쉬앤(주)
이 책은 잉글리쉬앤(주)에 의해 출간되었으므로
저자와 출판사의 서면에 의한 허락 없이 글과 그림의 인용, 복제, 발췌를 금합니다.

* 가격은 표지에 있습니다. 잘못된 책은 바꾸어 드립니다.
www.english.co.kr

Preface

해를 더할수록 취업과 승진의 길은 어려워져 가고 있습니다. 현대, 기아자동차 그룹에서 취업과 승진을 원하신다면 SPA 준비는 필수 조건이지요. 여느 스피킹 시험과는 달리 원어민과의 직접 대화로 이루어지는 시험이다 보니, 기존 시험들에 비해 긴장감 또한 매우 높은 시험입니다.

이것이 SPA 응시자가 격파해야 할 가장 첫 번째 단계입니다. 하지만 긴장감을 없앤다는 것이 말처럼 쉽지가 않지요. 영어 말하기와 시험, 이 두 요소가 합쳐졌으니까요. 하지만 시험에서 여러분에게 주어진 시간은 10분밖에 되지 않습니다. 이 10분을 자신감으로 채우셔야 합니다. 최대한 평정심을 유지하고 원어민의 질문에 집중하세요.

다년간 영어를 가르치면서 느낀 점은 많은 학생들이 어려운 단어나 표현을 사용하는 것이 영어를 잘하는 것이라고 생각한다는 것입니다. 이것은 큰 오해입니다. 한국말을 할 때에도 내가 편하게 쓰는 어휘와 문장을 구사할 때 전달력과 설득력이 향상됩니다. 따라서 영어를 사용하실 때에도 쉽고 많이 써 본 표현을 자신감 있게 말하는 것이 상대방이 알아듣기에도 더 쉬울 수밖에 없습니다.

영어 실력은 단기간에 늘지 않습니다. 특히 SPA 시험은 단지 영어 실력만을 평가하는 시험이 아니라 영어라는 언어로 의사소통 하는 능력을 평가하는 시험이라는 것을 간과해서는 안 됩니다. 따라서 쉽고 말하기 편한 문장을 반복적으로 연습하여 시험장에서 자신 있게 잘 말할 수 있도록 훈련하는 것이 고득점의 핵심입니다.

이 책은 SPA 시험의 초보자도 쉽고 빠르게 목표를 달성할 수 있는 방법을 알려 드릴 것입니다. 모든 실전 문제와 예문은 철저한 분석과 통계를 거쳐 만들어졌으며, 짧고 간결한 팁들을 제시하여 응시자들이 공통적으로 자주하는 실수를 한눈에 파악하고 교정할 수 있도록 했습니다.

이 책은 영어 초보자임에도 최소한의 시간으로 최대한의 효과를 얻을 수 있는 최선의 선택이 될 것입니다.

마지막으로, 조언과 도움을 아끼지 않으신 잉글리쉬앤 북스의 모든 분들과 지원군 John, 항상 격려해 준 친구들과 동료들, 사랑하는 제 가족들에게 감사의 뜻을 전합니다.

조민정 (Jamie Cho)

Contents

Chapter 1 Personal Questions   18

Unit 1	Myself	19
Unit 2	Work / Job	25
Unit 3	Travel	31
Unit 4	Free Time Activity	37
Unit 5	Foods & Eating out	43
Unit 6	Sports	49
Unit 7	Shopping	55
Unit 8	Plans	61
Unit 9	People	67
Unit 10	My Country	73

Chapter 2 Opinion Questions   80

Unit 11	Entertainment	81
Unit 12	Communication	87
Unit 13	Free Time Activity	93
Unit 14	Technology I	99
Unit 15	Technology II	105
Unit 16	Health	111
Unit 17	Environment	117
Unit 18	Work / Job I	123
Unit 19	Work / Job II	129
Unit 20	My Country	135

Chapter 3   Graphs & Pictures   142

Unit 21	그래프 묘사 I : Bar graph	143
Unit 22	그래프 묘사 II : Pie graph	149
Unit 23	사진 묘사 I : 단순 묘사	155
Unit 24	사진 묘사 II : 비교 및 대조	161
Unit 25	사진 묘사 III : 상품 팔기	167

Chapter 4   Summary & Retelling   174

Unit 26	Free Time Activity	175
Unit 27	Health	181
Unit 28	People	187
Unit 29	Shopping	193
Unit 30	Travel	199

Actual Test 1	206
Actual Test 2	208
Actual Test 3	210
Actual Test 4	212
Actual Test 5	214

부록_ SPA 핵심 어휘   218

About the Book

개요 및 고득점 전략

크게 4개의 Chapter로 구분, 각 Chapter를
소개하고 유형 별 고득점 전략을
제시한다.

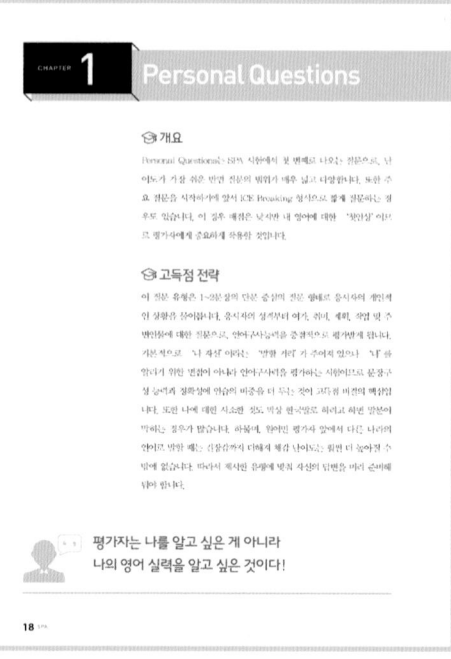

질문 유형 및 관련 어휘 파악하기

토픽에 해당하는 질문들을 제시하여
출제 경향을 파악하고 관련 어휘를 익힐 수
있도록 한다.

실전 유형 연습하기 A&B

기출 문제와 모범 답변을 제시하여 학습 목표를 제시한다.

Key Expressions & Tips

모범 답변에 쓰인 핵심 패턴을 익히고 스피킹 전문 강사가 전하는 답변 활용에 유용한 팁을 전수한다.

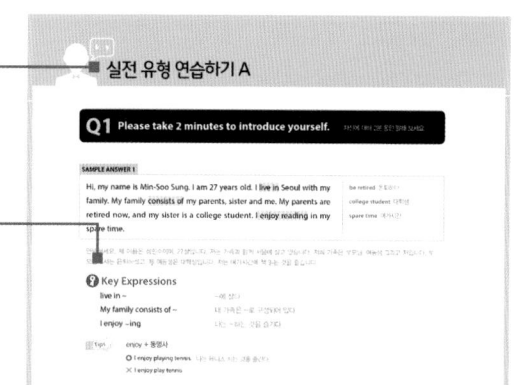

핵심 표현 다지기 A&B

〈실전 유형 연습하기〉에서 학습한 모범 답변을 듣고 핵심 패턴 위주로 빈칸을 채우는 연습을 한다.

Expression Checkup

〈실전 유형 연습하기〉의 핵심 패턴과 Tips 관련 문제를 통해 학습 내용을 점검한다.

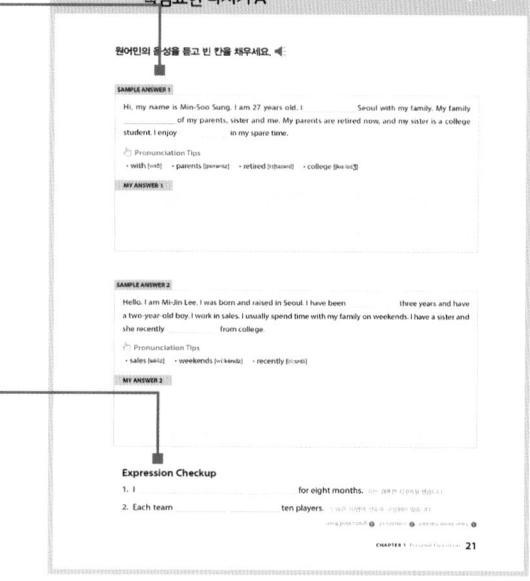

핵심 표현 사전

해당 토픽과 관련된 다양한 표현을 추가로 제시한다.

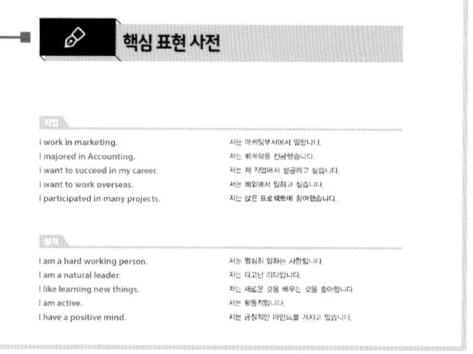

About the Test

◎ 개요

The SPA Committee에서 주관하는 SPA(Speaking Proficiency Assessment) General Test는 실제 비즈니스 현장에서의 영어사용능력을 평가하기 위한 실무 중심형 영어구술능력평가 시험입니다. SPA General Test 전문평가위원과 응시자가 종합적인 평가요소 별 출제기준에 의해 문제은행 방식으로 추출되는 질문과 대답을 주고 받는 인터뷰 방식으로 시험이 진행되므로 응시자는 보다 자연스러운 영어 사용환경 속에서 자신의 영어구술능력을 측정할 수 있게 됩니다. 평가 자체가 원어민과 나누는 실제 대화 방식이므로 컴퓨터를 통해 진행되는 평가 방식과 달리 응시자가 실제 생활 속에서 어떠한 수준의 영어를 상황에 맞게 사용할 수 있는지가 평가위원의 평가과정 속에서 정확하고 자연스럽게 나타나게 됩니다.

· 주관사 : SPA 한국 위원회
· 응시 시간 : 10분
· 평가 위원 : 2명 (전문평가위원 원어민 1명, 평가관리위원 내국인 1명)
· 평가 방식 : 녹음과 녹화로 2차에 걸쳐 평가
· 시험 방식 : 면대면 인터뷰 (2:1)

총 5 개 문제 영역	문장 형식	목적
4 개 문제 영역	1 ~ 2 문장으로 단문 중심의 질문	문제 영역별 평가요소의 분석을 통한 응시자의 종합적인 영어구술능력 파악
1 개 문제 영역	4 ~ 5 문장으로 중문, 복문 중심의 질문	

◎ 평가 항목

SPA 시험의 평가 항목은 발음, 청취력과 답변능력, 어휘사용능력, 문장구성능력, 유창성 등 총점 96점 만점에 Level 1(Basic)에서 Level 8(Native) 등급으로 나누어 응시자의 스피킹 능력을 평가합니다.

1	발음 Pronunciation	· Accent (intonation and stress) · Pace (flow and rhythm of speech)
2	청취력과 답변능력 L/C & Response	· Listening passage summarization · Accuracy / relevance of response
3	어휘사용능력 Vocabulary	· Accuracy of vocabulary in context · Incorporation of applicable advanced terms and phrases
4	문장구성능력 Grammar & Structure	· Correct usage of parts of speech · Verb tense accuracy / consistency · Syntax and diction · Sentence structure variety / complexity · Incorporation of transition signals / phrases
5	언어구사능력 Overall Fluency	· Communicative comprehension · Logical flow and clarity of response · Demonstration of freedom of expression · Confidence and poise

◎ 문제 유형

1	**Small Talk & Personal Question → 기본적인 영어 실력 평가** 하루 일과가 어땠는지, 기분이 어떤지 등을 묻는 ice-breaking 유형
2	**Picture Description & Comparison** 제시된 하나의 사진을 묘사하거나 두 개의 사진을 비교 및 대조하는 유형
3	**Opinion-based Question** 사회적 이슈에 대한 의견을 묻는 유형
4	**Data Analysis** 그래프나 도표를 보고 설명하거나 예상 추이를 묻는 유형
5	**Summary** 면접관이 읽어주는 지문을 요약하는 유형

◎ 평가 체계

Question Pool
- Systematically Categorized
- Constantly Updated & Refreshed
- Expansive Question Topics
- Diversified Question Types
- Randomized, Automated Test Generation

SPA Committee
- Indoctrination & Certification
- Periodic SPA Calibration & Systematic Fine-Tuning
- Meticulous Mindset

SPA Evaluators

Interviewee → **Face to Face Interview** 1st Assessment (Real Time)

2nd Assessment (Interview Video Analysis)

Final Confirmation

Score Generation

Score Report
- Numerical Assessment Score
- Evaluative Level Descriptions
- Individualized Feedback

◎ 평가 등급

Level	Range	Ability
Basic [Level 1]	0~15	처음 영어를 접하는 수준이며, 레벨로 표시하기 어려운 단계 Speaker makes no attempt to respond. Speaker at the basic level lacks the English communication skills necessary to respond to questioning and/or may not comprehend what is being asked. .
Low Intermediate [Level 2]	16~24	영어로 간단한 인사와 자기 소개 정도를 할 수 있으며, 5W1H의 대답이 가능한 단계 Speaker is able to give one-word or short-phrase responses to the 5W1H questions. Speaker may not fully comprehend all questions and thus respond to an unrelated topic.
Intermediate [Level 3]	25~34	간단한 생활영어가 가능하며, 발음과 문법에 초점을 맞추어 대화하는 단계 Speaker is able to communicate basic ideas within limited contexts, but is unable to sufficiently support an opinion or statement. The majority of speaker's responses contain habitual grammatical, vocabulary and/or pronunciation errors.
Upper Intermediate [Level 4]	35~49	생활영어에 대한 전반적인 주제에 대해 대화가 가능하지만, 문법적 오류가 있는 단계 Speaker is able to communicate basic ideas across a wide range of general conversational topics. Speaker is occasionally able to provide some elaboration, but responses still contain frequent grammatical, vocabulary and/or pronunciation errors.
Low Business [Level 5]	50~64	비즈니스 회화가 가능하나, 심도 있는 언어 표현은 부족한 단계 Speaker is able to express general ideas successfully but with limited elaboration. Speaker may lack the vocabulary and complex grammatical structures necessary to deliver in-depth responses with accuracy.
Business [Level 6]	65~74	비즈니스의 다양한 상황에 따른 Formal 한 회화를 구사할 수 있는 단계 Speaker is highly intelligible and able to express ideas and elaborate on responses effectively. Speaker may occasionally use imprecise vocabulary, grammar and/or pronunciation, but these errors do not hinder general comprehensibility.
Advanced [Level 7]	75~84	Native와는 구분이 되지만 회화에 대해 어려움이 전혀 없는 단계 Speaker's proficiency approaches the native level. Speaker delivers well-developed responses and explanations. At the advanced level, thespeaker's use of imprecise vocabulary, grammar and/or pronunciation is rare and negligible.
Native [Level 8]	85~96	Native Speaker 및 영어가 모국어인 교포 수준의 영어회화 단계 Speaker's proficiency is equivalent to that of a native speaker. Speaker demonstrates complete control of language and freedom of expression.

SPA 학습 플랜

단기간에 목표 레벨 획득! SPA 속성 스케줄

◎ 2주 프로젝트

	Day 1	Day 2	Day 3	Day 4	Day 5
Week 1	Ch 1_Unit 1~2 (Personal Q) / Ch 3_Unit 21 (Bar Graph)	Ch 1_Unit 3~4 (Personal Q) / Ch3_Unit 22 (Pie Graph)	Ch 1_Unit 5~6 (Personal Q) / Ch3_Unit 23 (사진 묘사)	Ch 1_Unit 7~8 (Personal Q) / Ch3_Unit 24 (사진 비교 및 대조)	Ch 1_Unit 9~10 (Personal Q) / Ch3_Unit 25 (상품 팔기)
	Day 6	Day 7	Day 8	Day 9	Day 10
Week 2	Ch 2_Unit 11~12 (Opinion Q) / Ch 4_Unit 26 (Summary)	Ch 2_Unit 13~14 (Opinion Q) / Ch 4_Unit 27 (Summary)	Ch 2_Unit 15~16 (Opinion Q) / Ch 4_Unit 28 (Summary)	Ch 2_Unit 17~18 (Opinion Q) / Ch 4_Unit 29 (Summary)	Ch 2_Unit 19~20 (Opinion Q) / Ch 4_Unit 30 (Summary)

학습 방법

1. 하루에 두 가지 유형씩 학습하며, 단기간에 SPA 등급 획득을 목표로 합니다. 〈실전유형 연습하기〉의 Unit 별로 제시된 기출 유형과 모범 답변을 소리내어 읽습니다. 함께 제시된 핵심 패턴 또한 반드시 숙지합니다.

2. 〈핵심 표현 다지기〉에서 원어민 음성을 듣고 빈칸 채우기를 하며 모범 답변을 복습합니다. 그러고 나서 본인만의 답변으로 말하는 연습을 합니다.

3. 본인의 음성으로 답변한 것을 녹음한 후 음성을 들어 봅니다.

4. Actual Test를 통해 앞에서 학습한 내용을 최종 점검합니다.

유형 별 체계적인 집중 학습을 통해 고득점으로 Jump Up!

◎ 4주 프로젝트

	Day 1	Day 2	Day 3	Day 4	Day 5
Week 1	Ch 1_ Unit 1~2 (Personal Q)	Ch 1_ Unit 3~4 (Personal Q)	Ch 1_ Unit 5~6 (Personal Q)	Ch 1_ Unit 7~8 (Personal Q)	Ch 1_ Unit 9~10 (Personal Q)
	Day 6	Day 7	Day 8	Day 9	Day 10
Week 2	Ch 2_ Unit 11~12 (Opinion Q)	Ch 2_ Unit 13~14 (Opinion Q)	Ch 2_ Unit 15~16 (Opinion Q)	Ch 2_ Unit 17~18 (Opinion Q)	Ch 2_ Unit 19~20 (Opinion Q)
	Day 11	Day 12	Day 13	Day 14	Day 15
Week 3	Ch 3_ Unit 21 (Bar Graph)	Ch 3_ Unit 22 (Pie Graph)	Ch 3_ Unit 23 (사진 묘사)	Ch 3_ Unit 24 (사진 비교 및 대조)	Ch 3_ Unit 25 (상품 팔기)
	Day 16	Day 17	Day 18	Day 19	Day 20
Week 4	Ch 4_ Unit 26 (Summary)	Ch 4_ Unit 27 (Summary)	Ch 4_ Unit 28 (Summary)	Ch 4_ Unit 29 (Summary)	Ch 4_ Unit 30 (Summary)

학습 방법

1. 하루에 한 유형씩 집중 학습을 통해, 체계적으로 SPA 시험에 대비합니다. 〈실전유형 연습하기〉의 Unit 별로 제시된 기출 유형과 모범 답변을 소리내어 읽습니다. 함께 제시된 핵심 패턴 또한 반드시 숙지합니다.

2. 〈핵심 표현 다지기〉에서 원어민 음성을 듣고 빈칸 채우기를 하며 모범 답변을 복습합니다. 그러고 나서 본인만의 답변으로 말하는 연습을 합니다.

3. 본인의 음성으로 답변한 것을 녹음한 후 음성을 들어 봅니다.

4. Actual Test를 통해 앞에서 학습한 내용을 최종 점검합니다.

UNIT 1	Myself
UNIT 2	Work / Job
UNIT 3	Travel
UNIT 4	Free Time Activity
UNIT 5	Foods & Eating out
UNIT 6	Sports
UNIT 7	Shopping
UNIT 8	Plans
UNIT 9	People
UNIT 10	My Country

CHAPTER 1 Personal Questions

개요

Personal Questions는 SPA 시험에서 첫 번째로 나오는 질문으로, 난이도가 가장 쉬운 반면 질문의 범위가 매우 넓고 다양합니다. 또한 주요 질문을 시작하기에 앞서 ICE Breaking 형식으로 짧게 질문하는 경우도 있습니다. 이 경우 배점은 낮지만 본인 영어에 대한 '첫인상' 이므로 평가자에게 중요하게 작용합니다.

고득점 전략

이 질문 유형은 1~2문장의 단문 중심의 질문 형태로 응시자의 개인적인 상황을 물어봅니다. 응시자의 성격부터 여가, 취미, 계획, 직업 및 주변인물에 대한 질문으로, 언어구사 능력을 중점적으로 평가받게 됩니다. 기본적으로 '나 자신' 이라는 '말할 거리' 가 주어져 있으나 '나' 를 알리기 위한 면접이 아니라 언어구사력을 평가하는 시험이므로 문장구성 능력과 정확성에 연습의 비중을 더 두는 것이 고득점 비결의 핵심입니다. 아무리 사소한 것이라도 막상 자신에 대해 한국말로 얘기하려고 하면 말문이 막히는 경우가 많습니다. 하물며, 원어민 평가자 앞에서 다른 나라의 언어로 말할 때는 긴장감까지 더해져 체감 난이도는 훨씬 더 높게 느껴질 수밖에 없습니다. 따라서 제시한 유형에 맞춰 자신의 답변을 미리 준비해 둬야 합니다.

평가자는 **"나"**를 알고 싶은 게 아니라
나의 **"영어 실력"**을 알고 싶은 것이다!

UNIT 1 Myself

Personal Questions에서 가장 기본적인 형태의 주제로 '나 자신'에 대해 말하는 질문 유형입니다. 나의 성격, 주관 및 신념에 대해 질문하므로, 직업, 취미생활, 여가의 주제로 확장 연습함으로써 관련 질문에 자연스럽게 대비할 수 있습니다. 따라서 내가 어떤 사람인지를 묘사할 때 예시 또는 경험을 들어 설명하는 연습을 합시다.

🎓 질문 유형 파악하기

Please talk about yourself. 자신에 대해 말해 보세요.
How would you describe your personality? 당신의 성격을 설명해 보시겠습니까?
What do you consider to be your strong[weak] points? 당신의 강점[약점]은 무엇입니까?
In your opinion, which animal represents you most? 어떤 동물이 당신을 가장 잘 나타낸다고 생각하십니까?
In what ways have you changed since you were in high school?
당신은 고등학교 시절 이후로 어떤 식으로 변했습니까?
What would a close friend of yours tell me about you? 당신의 친한 친구는 당신에 대해 저에게 어떻게 말하겠습니까?
What is one thing that you would never change about yourself?
당신 자신에 대해 절대 바꾸지 않을 한 가지는 무엇입니까?
How productive and organized are you? 당신은 얼마나 생산적이고 조직적입니까?
Talk about what motivates you. 당신을 동기부여하는 것에 대해 말해 보세요.
Please tell me about your childhood. 당신의 어린 시절에 대해 말해 보세요.

🎓 관련 어휘 파악하기

yourself [jərˈself]	당신, 자신	productive [prəˈdʌktɪv]	생산적인
describe [dɪˈskraɪb]	묘사하다	organized [ˈɔːrɡənaɪzd]	조직화된
personality [pɜːrsəˈnæləti]	성격	motivate [ˈmoʊtɪveɪt]	동기부여하다
consider [kənˈsɪdə(r)]	고려하다	childhood [ˈtʃaɪldhʊd]	어린 시절
weak point [ˈwiːk pɔɪnt]	약점	failure [ˈfeɪljə(r)]	실패
opinion [əˈpɪnjən]	의견	challenge [ˈtʃæləndʒ]	도전
represent [ˌreprɪˈzent]	나타내다	overcome [ˌoʊvərˈkʌm]	극복하다

실전 유형 연습하기 A

Q1 Please talk about yourself. 자신에 대해 말해 보세요.

SAMPLE ANSWER 1

Hi, my name is Min-Soo Sung. I am 27 years old. I live in Seoul with my family. My family consists of my parents, sister and me. My parents are retired now, and my sister is a college student. I enjoy reading in my spare time.

- be retired 은퇴하다
- college student 대학생
- spare time 여가시간

안녕하세요. 제 이름은 성민수이며, 27살입니다. 저는 가족과 함께 서울에 살고 있습니다. 저희 가족은 부모님, 여동생 그리고 저입니다. 부모님께서는 은퇴하셨고, 제 여동생은 대학생입니다. 저는 여가시간에 책 읽는 것을 즐깁니다.

🔑 Key Expressions

live in ~	~에 살다
My family consists of ~	내 가족은 ~로 구성되어 있다
I enjoy -ing	~하는 것을 즐기다

enjoy + 동명사
- ○ I **enjoy playing** tennis. 나는 테니스 치는 것을 즐긴다.
- ✕ I **enjoy play** tennis.

SAMPLE ANSWER 2

Hello. I am Mi-Jin Lee. I was born and raised in Seoul. I have been married for three years and have a two-year-old boy. I work in sales. I usually spend time with my family on weekends. I have a sister and she recently graduated from college.

- be raised in ~에서 자라다
- two-year-old 2살 난

안녕하세요. 제 이름은 이미진이며, 서울에서 태어나고 자랐습니다. 저는 3년 째 결혼 생활을 하고 있으며, 2살 난 아들이 있습니다. 저는 영업부서에서 일을 합니다. 저는 주로 주말에 가족과 시간을 보냅니다. 저는 여동생이 있고 그녀는 최근에 대학교를 졸업했습니다.

🔑 Key Expressions

have been married for ~ years[months]	~년[달] 째 결혼 생활을 하고 있다
work in ~	~에서 일하다
graduate from ~	~를 졸업하다

have been married for ~ vs. got married ~
- ○ I **have been married for** 3 years. 나는 3년 째 결혼 생활을 하고 있다.
- ○ I **got married** 3 years ago. 나는 3년 전에 결혼했다.
- ✕ I am married 3 years ago.

핵심표현 다지기 A

원어민의 음성을 듣고 빈 칸을 채운 후 나만의 답변을 완성해 보세요. 🎧 SPA01_A

SAMPLE ANSWER 1

Hi, my name is Min-Soo Sung. I am 27 years old. I _____ Seoul with my family. My family _____ of my parents, sister and me. My parents are retired now, and my sister is a college student. I enjoy _____ in my spare time.

👉 **Pronunciation Tips**
- with [wɪð]   • parents [ǀperəntz]   • retired [rɪǀtaɪərd]   • college [ǀkɑːlɪdʒ]

MY ANSWER 1

SAMPLE ANSWER 2

Hello. I am Mi-Jin Lee. I was born and raised in Seoul. I have been _____ three years and have a two-year-old boy. I _____ sales. I usually spend time with my family on weekends. I have a sister and she recently _____ college.

👉 **Pronunciation Tips**
- sales [séilz]   • weekends [wíːkèndz]   • recently [ǀriːsntli]

MY ANSWER 2

Expression Checkup

1. Each team _____ _____ ten players.   각 팀은 10명의 선수로 구성되어 있습니다.
2. I _____ _____ _____ for eight months.   저는 결혼한 지 8개월 됐습니다.

① consists of   ② have been married

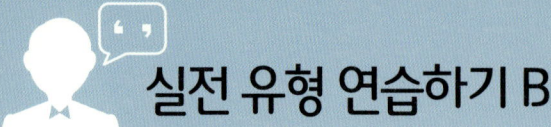

실전 유형 연습하기 B

Q2 How would you describe your personality? 당신의 성격을 설명해 보시겠습니까?

SAMPLE ANSWER 1

I am an outgoing person. I enjoy playing sports. Actually, I play tennis every weekend. I have a sense of humor. My friends say I am funny. I love to spend time with my friends and make them laugh.

outgoing 외향적인
make A laugh A를 웃게 하다

저는 외향적이며 활동적인 사람입니다. 저는 스포츠를 즐깁니다. 실제로 저는 매주 주말 테니스를 칩니다. 저는 유머 감각이 있습니다. 제 친구들이 말하기를, 저는 재미있는 사람이라고 합니다. 저는 친구들과 시간을 보내고 그들을 웃게 하는 것을 좋아합니다.

🔑 Key Expressions

I am a[an] ~person.	나는 ~한 사람이다.
have a sense of humor	유머 감각이 있다
My friends say ~	내 친구들이 말하기를 ~

 Tips funny vs. a funny person
- ⭕ I am **funny**. 나는 재미있다.
- ⭕ I am **a funny person**. 나는 재미있는 사람이다.
- ❌ I am a funny. (관사가 있을 경우 형용사 뒤에 명사가 반드시 와야 함)

SAMPLE ANSWER 2

I am quiet. I don't like to talk much. I prefer eating alone. That's because I can read while eating. I like to have time to myself. So I go to a park often. There are many trees and it's very quiet there.

quiet 조용한
alone 혼자
park 공원

저는 조용합니다. 저는 말하는 것을 별로 좋아하지 않습니다. 저는 혼자서 먹는 것을 선호합니다. 왜냐하면 먹으면서 책을 읽을 수 있기 때문입니다. 저는 저만의 시간을 좋아합니다. 그래서 공원에 자주 갑니다. 거기에는 나무가 많고 매우 고요합니다.

🔑 Key Expressions

prefer -ing / to부정사	~하는 것을 선호하다
That's because + 주어 + 동사	그것은 ~하기 때문이다
time to myself	나만의 시간

 Tips prefer + 동명사 / to부정사
- ⭕ I **prefer to eat** alone. 저는 혼자 먹는 것을 선호합니다.
- ⭕ I **prefer eating** alone.
- ❌ I prefer to eating alone.

핵심표현 다지기 B

원어민의 음성을 듣고 빈 칸을 채운 후 나만의 답변을 완성해 보세요. 🎧 SPA01_B

SAMPLE ANSWER 1

I am an outgoing _____. I enjoy playing sports. Actually, I play tennis every weekend. I have a _____ of humor. My friends _____ I am funny. I love to spend time with my friends and make them laugh.

👉 **Pronunciation Tips**
- outgoing [|aʊtgoʊɪn] • every [|evri] • friends [frendz] • laugh [læf]

MY ANSWER 1

SAMPLE ANSWER 2

I am quiet. I don't like to talk much. I prefer _____ alone. _____ because I can read while eating. I like to have time _____. So I go to a park often. There are many trees and it's very quiet there.

👉 **Pronunciation Tips**
- quiet [kwaɪət] • alone [əloʊn] • often [|ɔ:fn]

MY ANSWER 2

Expression Checkup

1. I prefer _____ with my friends. 나는 친구들과 함께 공부하는 것을 선호한다.

2. He has a _____ _____ humor. 그는 유머 감각이 있다.

❶ studying/to study ❷ sense of

UNIT 1 Myself 23

핵심 표현 사전

직업

I work in marketing.	저는 마케팅부서에서 일합니다.
I majored in accounting.	저는 회계학을 전공했습니다.
I want to succeed in my career.	저는 제 직업에서 성공하고 싶습니다.
I want to work overseas.	저는 해외에서 일하고 싶습니다.
I participated in many projects.	저는 많은 프로젝트에 참여했습니다.

성격

I am a hard-working person.	저는 열심히 일하는 사람입니다.
I am a natural leader.	저는 타고난 리더입니다.
I like learning new things.	저는 새로운 것을 배우는 것을 좋아합니다.
I am active.	저는 활동적입니다.
I have a positive mind.	저는 긍정적인 마인드를 가지고 있습니다.

취미

I go hiking on the weekend.	저는 주말에 하이킹 갑니다.
I enjoy listening to dance music.	저는 댄스음악을 즐겨 듣습니다.
My hobby is to play the guitar.	제 취미는 기타 치는 것입니다.
I often go to a movie theater with my friends.	저는 친구들과 극장에 자주 갑니다.
I read novels every day.	저는 매일 소설을 읽습니다.

가족

I am the eldest child in my family.	저는 첫째입니다.
I have an older brother and a younger sister.	저는 형(오빠)과 여동생이 있습니다.
My parents live in the suburbs.	저희 부모님께서는 교외에서 사십니다.
My wife works at the same company with me.	제 부인은 저와 같은 회사에서 일합니다.

UNIT 2 Work / Job

이 주제는 직장 생활에서부터 구체적인 업무, 부서까지 질문 영역이 확대됩니다. 쉽게는 일상적인 업무부터, 회사와 본인의 목표, 관련 업계의 현황까지 물어볼 수 있습니다. 따라서, 소소한 업무부터 미래의 계획까지 자신의 직업과 관련된 어휘와 표현을 익혀 둡시다.

🎓 질문 유형 파악하기

What makes you angry and frustrated at work? 직장에서 당신을 화나게 하거나 낙담하게 하는 것은 무엇입니까?

What does the word "teamwork" mean to you? '팀워크'라는 단어가 당신에게 의미하는 것은 무엇입니까?

Describe the job that you do in your company. 직장에서 당신이 하는 일을 설명해 보세요.

What kind of employee are you? 당신은 어떤 직원입니까?

Please tell me about your typical workday. 일상적인 근무일에 대해 말해 보세요.

What was your recent project and what was your role in the project?
당신의 최근 프로젝트는 무엇이었으며, 역할은 무엇이었습니까?

What are your career goals? What do you want to achieve at your company?
당신의 직업적 목표는 무엇입니까? 당신은 회사에서 무엇을 성취하고자 합니까?

What is the best thing about working in your industry?
당신이 일하는 직군에서 일하는 것의 가장 좋은 점은 무엇입니까?

Please introduce your company to me. 당신 회사를 저에게 소개해 보세요.

How do you manage your time? Do you use a daily planner?
당신은 어떻게 시간을 관리합니까? 일일 계획표를 사용하시나요?

🎓 관련 어휘 파악하기

frustrated [|frʌstreɪtɪd]	불만스러운	role [roʊl]	역할, 임무
at work [ætwɜ:rk]	일하는 중에	career [kəǀrɪr]	직업; 사회생활
teamwork [|ti:mwɜ:rk]	협업, 팀워크	achieve [əǀtʃi:v]	달성하다, 이루다
employee [ɪmǀplɔɪi:]	고용인, 직원	industry [|ɪndəstri]	산업
typical [|tɪpɪkl]	전형적인	introduce [[|ɪntrəǀdu:s]]	소개하다
workday [|wɜ:rkdeɪ]	근무일	manage [|mænɪdʒ]	관리하다
recent [|ri:snt]	최근의	daily planner [|deɪli plænə(r)]	수첩, 다이어리

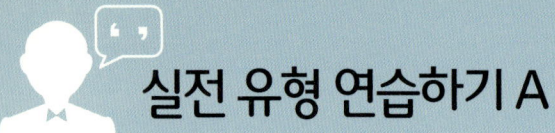

실전 유형 연습하기 A

Q1 What makes you angry and frustrated at work?
직장에서 당신을 화나게 하거나 낙담하게 하는 것은 무엇입니까?

SAMPLE ANSWER 1

I like my job, but sometimes I get too much work. I usually work on one project **at a time**, but **once in a while** I have to work on many projects **at once**. When I get too much work, I **feel** frustrated and **stressed**.

- work on ~에 착수하다
- too 너무
- stressed 스트레스 받는

저는 제 일을 좋아합니다. 그러나 때때로 저는 너무 많은 일을 합니다. 저는 보통 한 번에 한 개의 프로젝트에 참여합니다. 그러나 간혹 저는 동시에 여러 프로젝트를 해야 합니다. 일이 너무 많을 때 저는 짜증나고 스트레스를 받습니다.

🔑 Key Expressions

at a time / at once	한번에(따로따로 한 번씩) / 즉시, 동시에
once in a while	가끔(sometimes)
feel[get] stressed	스트레스를 받다

stressed vs. stressful

- ⭕ I am **stressed**. 나는 스트레스를 받는다.
- ⭕ It's **stressful**. 그것은 스트레스를 받게 한다.
- ❌ I am stressful.

SAMPLE ANSWER 2

I finish work around 6 o'clock, but **about once or twice a week** I have to **stay until** 9 o'clock. I stay to finish my projects, but **it makes me** angry. Moreover, I would be tired the next day from working overtime. **I wish I could** go home at the same time every day.

- around ~쯤, 약 ~
- stay 머무르다
- moreover 게다가

저는 6시쯤에 일이 끝납니다. 그러나 대략 일주일에 한두 번은, 9시까지 있어야 합니다. 저는 프로젝트를 끝내기 위해 머물지만 그것은 저를 짜증나게 합니다. 게다가 야근을 해서 다음날 피곤합니다. 저는 매일 같은 시간에 집에 갈 수 있으면 좋겠습니다.

🔑 Key Expressions

about once or twice a week	대략 일주일에 한두 번
stay until ~	~까지 머무르다
It makes + A + 형용사	그것은 A를 ~하게 한다
I wish I could + 동사	~했으면 좋겠다 (그러나 현재는 반대 상황)

by (~까지, 1회성) vs. until (~까지, 지속적으로)

- ⭕ I have to finish my work **by** tomorrow. 나는 내일까지 일을 끝내야 한다.
- ❌ I have to finish my work **until** tomorrow. (내일까지 지속적으로 일을 끝내는 것이 아니므로 계속의 의미인 until은 부적절)

핵심표현 다지기 A

원어민의 음성을 듣고 빈 칸을 채운 후 나만의 답변을 완성해 보세요. 🎧 SPA02_A

SAMPLE ANSWER 1

I like my job, but sometimes I get too much work. I usually work on one project _____ time, but once in a _____ I have to work on many projects _____. When I get too much work, _____ frustrated and _____.

👆 **Pronunciation Tips**
- like [laɪk]
- sometimes [ˈsʌmtaɪmz]
- usually [ˈjuːʒuəli]
- project [ˈprɑːdʒekt]
- frustrated [ˈfrʌstreɪtɪd]

MY ANSWER 1

SAMPLE ANSWER 2

I finish work around 6 o'clock, but about _____ a week I have to stay until 9 o'clock. I stay to finish my projects, but it _____ me _____. Moreover, I would be tired the next day from working overtime. I wish _____ go home at the same time every day.

👆 **Pronunciation Tips**
- finish [ˈfɪnɪʃ]
- around [əˈraʊnd]
- o'clock [əˈklɑːk]
- moreover [mɔːrˈoʊvər]

MY ANSWER 2

Expression Checkup

1. I _____ I could go on a vacation. 휴가를 갈 수 있으면 좋겠다.

2. I can send invitations _____ _____. 나는 초대장을 한 번에 보낼 수 있다.

❶ wish ❷ at once

UNIT 2 Work / Job

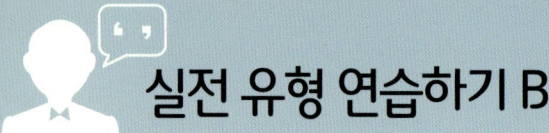

실전 유형 연습하기 B

Q2 What does the word "teamwork" mean to you?
'팀워크'라는 단어가 당신에게 의미하는 것은 무엇입니까?

SAMPLE ANSWER 1

I think teamwork means sharing ideas and opinions. When I work in a team, I like to hear others' views. I also like to hear others' opinions about my ideas. Working in a group is the best way to think of new and different ideas.

share 공유하다
view 견해, 관점

저는 팀워크는 아이디어와 의견을 공유하는 것이라고 생각합니다. 팀으로 일할 때, 저는 다른 사람의 의견 듣는 것을 좋아합니다. 또한 제 아이디어에 대한 다른 사람의 의견을 듣는 것도 좋아합니다. 그룹으로 일하는 것은 새롭고 다른 아이디어를 내는 가장 좋은 방법입니다.

🔑 Key Expressions

I think + 주어 + 동사	나는 ~라고 생각한다
work in a team	팀으로 일하다
the best way to + 동사	~하기에 가장 좋은 방법

think of / think about
- I am **thinking of** going there. 나는 거기에 갈까 생각 중이다.
- I am **thinking about** going there. 나는 거기에 가는 것에 대해 생각 중이다.

SAMPLE ANSWER 2

Teamwork means helping each other. When I work in a group, I can get help from my team members. I can ask questions and questions can be answered more easily with my colleagues. Therefore, working with a team can lighten the work.

colleague 직장 동료
lighten 가볍게 하다

팀워크는 서로를 도와주는 것을 의미합니다. 제가 그룹으로 일할 때, 제 팀원으로부터 도움을 받을 수 있습니다. 저는 질문을 할 수 있고, 동료들과 함께 하면 질문들에 더 쉽게 답변 받을 수 있습니다. 그러므로 팀과 일하는 것은 일의 부담을 덜어 줍니다.

🔑 Key Expressions

each other	서로
get help from ~	~로부터 도움을 받다
lighten the work	일의 양(부담)을 덜어 주다

mean + 동명사 (~를 의미하다) vs. mean + to부정사 (~를 의도하다)
- It **means helping** each other. 그것은 서로 돕는 것을 의미한다.
- I didn't **mean to** make you angry. 너를 화나게 할 의도는 아니었어.

핵심표현 다지기 B

원어민의 음성을 듣고 빈 칸을 채운 후 나만의 답변을 완성해 보세요. 🎧 SPA02_B

SAMPLE ANSWER 1

_____ teamwork means sharing ideas and opinions. When I work _____, I like to hear others' views. I also like to hear others' opinions about my ideas. Working in a group is the best _____ think of new and different ideas.

👆 **Pronunciation Tips**
- sharing [ʃeəriŋ]   • idea [aɪˈdiːə]   • view [vjuː]   • opinion [əˈpɪnjən]   • group [gruːp]   • different [ˈdɪfrənt]

MY ANSWER 1

SAMPLE ANSWER 2

Teamwork means helping _____ other. When I work in a group, I can get _____ my team members. I can ask questions and questions can be answered more easily with my colleagues. Therefore, working with a team can _____ the work.

👆 **Pronunciation Tips**
- help [help]   • other [ˈʌðə(r)]   • question [ˈkwestʃən]   • answer [ˈænsə(r)]   • colleague [ˈkɑːliːg]

MY ANSWER 2

Expression Checkup

1. She needs help _____ her parents. 그녀는 부모님의 도움이 필요하다.

2. His sense of humor _____ the atmosphere. 그의 유머 감각은 분위기를 가볍게 한다.

❶ from   ❷ lightens

핵심 표현 사전

직업 / 업무 관련

I prefer to work alone.	저는 혼자 일하는 것을 선호합니다.
I can work with my own schedule.	저는 저만의 스케줄로 일할 수 있습니다.
The job is motivating.	그 일은 동기부여가 됩니다.
I work as a manager.	저는 매니저로 일합니다.
I am responsible for team management.	저는 팀 관리를 책임지고 있습니다.
I commute to work by subway.	저는 지하철을 타고 통근합니다.
Quick promotion motivates people.	빠른 승진은 사람들에게 동기를 부여합니다.
My salary goes up every year.	제 월급은 매년 오릅니다.
I work overtime.	저는 초과근무를 합니다.
There are many different tasks at work.	일할 때 많은 다양한 업무가 있습니다.
I have a good work relationship.	저는 좋은 업무 관계를 가지고 있습니다.
I finish work on time.	저는 정시에 퇴근합니다.

UNIT 3 Travel

여행에 관한 경험이나 의견을 말하는 주제입니다. 실제로 여행을 많이 다니는 사람이라 할지라도 막상 그 여행에 대해 영어로 말하려고 하면 할 말이 별로 없거나 무엇을 말해야 할지 모르는 경우가 많습니다. 실제 본인의 경험을 이야기하는 것도 좋지만 일반화된 답변을 연습해서 면접 때 머뭇거리지 않고 말하는 것이 훨씬 유리합니다.

질문 유형 파악하기

When you visit a foreign country, what do you usually do there? 외국을 방문하면 주로 거기서 무엇을 합니까?

Which do you prefer: a package tour or a tour that you arrange yourself?
패키지 여행과 스스로 계획한 여행 중 어느 것을 선호하십니까?

What do you always take with you when you go on a vacation? 휴가 갈 때 항상 가지고 가는 것은 무엇입니까?

Describe the best country you have visited. Explain what impressed you most about the country.
가본 곳 중 가장 좋은 나라를 묘사해 보세요. 그 나라에 대해 가장 인상 깊었던 것을 설명해 보세요.

What was the best trip you have taken? Where was it to, and when did you take it?
최고의 여행은 무엇이었습니까? 어디로 갔던 여행이었으며, 언제 갔습니까?

Which country would you most like to visit, and why?
가장 가보고 싶은 나라는 어디입니까? 그리고 그 이유는 무엇입니까?

Tell me about your first travel experience. 당신의 첫 번째 여행 경험에 대해 말해 보세요.

What kind of activities would you like to do when traveling? 여행할 때 어떤 활동을 하고 싶나요?

Would you prefer a vacation which is relaxing or exciting?
편안한 휴가와 흥미진진한 휴가 중 어느 것을 선호하시나요?

Which season do you like to travel most? Why? 어느 계절에 여행하는 것을 가장 좋아합니까? 그 이유는 무엇인가요?

관련 어휘 파악하기

foreign [|fɔːrən]	외국의	trip [trɪp]	여행
country [|kʌntri]	국가, 나라	travel [|trævl]	여행하다
package tour [|pækɪdʒ tʊr]	패키지 여행	experience [ɪk|spɪriəns]	경험
arrange [ə|reɪndʒ]	정리하다, 준비하다	activities [æk|tɪvətiz]	활동
vacation [və|keɪʃn]	휴가	relaxing [rɪ|læksɪŋ]	편한, 느긋한
explain [ɪk|spleɪn]	설명하다	exciting [ɪk|saɪtɪŋ]	신나는, 흥미진진한
impress [ɪm|pres]	깊은 인상을 주다	season [|siːzn]	계절

실전 유형 연습하기 A

Q1 When you visit a foreign country, what do you usually do there?
외국을 방문하면 주로 거기서 무엇을 합니까?

SAMPLE ANSWER 1

When I visit foreign countries, I often go to their local restaurants. It is exciting to try different kinds of food. Also, I can learn about their food culture. Actually, eating is most important when I travel to other countries. The best food I've had was pasta in Italy.

local restaurant	현지 음식점
learn about	~대해 알게 되다
food culture	음식 문화

외국에 갈 때, 저는 그곳의 현지 음식점에 자주 갑니다. 다양한 종류의 색다른 음식을 먹어 보는 것은 매우 흥분됩니다. 그들의 음식 문화에 대해서도 알 수 있습니다. 실제로 먹는 것은 제가 다른 나라를 여행할 때 가장 중요합니다. 제가 먹어본 최고의 음식은 이탈리아의 파스타였습니다.

 Key Expressions

It is exciting to + 동사	~하는 것은 흥분된다
different kinds of ~	다른 종류의 ~
~ is most important	~은 가장 중요하다

 Tips — learn vs. learn about

- I can **learn** English. 나는 영어를 배울 수 있다.
- I can **learn about** English. 나는 영어에 대해 알 수 있다. (영어의 역사 등에 대해 알게 되다)

SAMPLE ANSWER 2

I usually visit local museums. There are historical remains of the country so I can learn many things about the country. Visiting museums is inspiring, and I can have good memories of the visit. Also, it can be a great on-site experience.

museum	박물관
historical remains	유물
inspiring	감명적인
on-site	현장의

저는 주로 현지 박물관을 방문합니다. 박물관에는 그 국가의 고적들이 있습니다. 그래서 저는 그 나라에 대해 많은 것을 배울 수 있습니다. 박물관을 방문하는 것은 감명을 주며, 저는 좋은 추억을 만들 수 있습니다. 그것은 훌륭한 현장 경험이 됩니다.

 Key Expressions

There is + 단수명사 / There are + 복수명사	~(들)이 있다
~ is inspiring	~은 감명이다
good memories of ~	~의 좋은 기억들

 Tips — There is vs. There are

- There are five **players** in a team.
- There is **a** new **player** in a team.
- ✗ There is new players in a team.

핵심표현 다지기 A

원어민의 음성을 듣고 빈 칸을 채운 후 나만의 답변을 완성해 보세요. 🎧 SPA03_A

SAMPLE ANSWER 1

When I visit foreign countries, I often go to their local restaurants. It is _____ to try different _____ of food. Also, I can learn about their food culture. Actually, eating is _____ important when I travel to other countries. The best food I've had was pasta in Italy.

☝ **Pronunciation Tips**
- visit [|vɪzɪt]
- foreign [|fɔːrən]
- local [|loʊkl]
- different [|dɪfrənt]
- important [ɪm|pɔːrtnt]

MY ANSWER 1

SAMPLE ANSWER 2

I usually visit local museums. _____ historical remains of the country so I can learn many things about the country. Visiting museums is _____, and I can have good _____ the visit. Also, it can be a great on-site experience.

☝ **Pronunciation Tips**
- historical [hɪ|stɔːrɪkl]
- remains [rɪ|meɪnz]
- also [|ɔːlsoʊ]
- experience [ɪk|spɪriəns]

MY ANSWER 2

Expression Checkup

1. I wear different _____ _____ clothes at work. 나는 직장에서 다른 종류의 옷을 입는다.

2. There _____ many trees in a park. 공원에는 많은 나무들이 있다.

❶ kinds of ❷ are

UNIT 3 Travel **33**

실전 유형 연습하기 B

Q2 Which do you prefer: a package tour or a tour that you arrange yourself?
패키지 여행과 스스로 계획한 여행 중 어느 것을 선호하십니까?

SAMPLE ANSWER 1

I prefer a package tour because I can save time. If I plan a trip myself, it takes time. I have to search the Internet to find hotels and transportation. Also, I have to make my own schedule. I am not an organized person, so this is very stressful.

package tour	패키지 여행
save	절약하다
own	직접 ~한
organized	정리를 잘하는

저는 패키지 여행을 선호합니다. 왜냐하면 시간을 절약할 수 있기 때문입니다. 만약 제가 직접 여행을 계획한다면, 시간이 걸립니다. 저는 호텔과 교통을 알아보기 위해 인터넷을 검색해야 합니다. 또한 저는 직접 스케줄을 짜야 합니다. 저는 정리를 잘 못해서 이런 것에 매우 스트레스를 받습니다.

🔑 Key Expressions

save time	시간을 절약하다
search the Internet	인터넷을 검색하다
make my own ~	~를 직접 만들다

search (샅샅이) 찾다 vs. find (우연히) 찾다
- I **search** the information online. 인터넷으로 정보를 찾는다.
- I **found** a good restaurant. 좋은 음식점을 찾았다.

SAMPLE ANSWER 2

I prefer a tour that I arrange myself. That's because I can plan everything on my own. I don't have to follow the tight schedule of a package tour, so the trip would be more enjoyable. Moreover, planning a trip is also an exciting part of the trip.

arrange	준비하다
on one's own	혼자서
follow	따르다
tight	빠듯한

저는 제가 직접 준비하는 여행을 선호합니다. 왜냐하면 제가 모든 것을 혼자서 계획할 수 있기 때문입니다. 패키지 여행의 빠듯한 일정을 따르지 않아도 됩니다. 그래서 여행을 더욱 즐길 수 있을 것입니다. 게다가 여행을 계획하는 것 또한 여행의 흥미로운 부분입니다.

🔑 Key Expressions

I + 동사 + myself	내가 직접 ~하다
I don't have to ~	~할 필요가 없다
a part of ~	~의 한 부분

문장의 주어는 명사 또는 동명사 형태로!
- ⭕ **Planning** a trip is exciting. 여행을 계획하는 것은 흥미롭다. 〈동명사〉
- ❌ Plan a trip is exciting. 〈동사〉

핵심표현 다지기 B

원어민의 음성을 듣고 빈 칸을 채운 후 나만의 답변을 완성해 보세요. 🎧 SPA03_B

SAMPLE ANSWER 1

I prefer a package tour because I can _____ time. If I plan a trip myself, it takes time. I have to _____ the Internet to find hotels and transportation. Also, I have to make my _____ schedule. I am not an organized person, so this is very stressful.

👉 **Pronunciation Tips**
- prefer [prɪ|fɜː(r)]   • package [|pækɪdʒ]   • tour [tʊr]   • myself [maɪ|self]
- transportation [|trænspɔːr|teɪʃn]   • organized [|ɔːrgənaɪzd]

MY ANSWER 1

SAMPLE ANSWER 2

I prefer a tour that I arrange myself. That's because I can plan everything _____. I don't _____ follow the tight schedule of a package tour, so the trip would be more enjoyable. Moreover, planning a trip is also an exciting _____ the trip.

👉 **Pronunciation Tips**
- arrange [ə|reɪndʒ]   • everything [|evriθɪŋ]   • schedule [|skedʒuːl]   • enjoyable [ɪn|dʒɔɪəbl]

MY ANSWER 2

Expression Checkup

1. I will make his present _____. 나는 그의 선물을 직접 만들 것이다.

2. I finally _____ the answer! 나는 마침내 답을 찾았다!

① myself ② found

핵심 표현 사전

여행

There are lots of activities people can enjoy.	사람들이 즐길 만한 활동들이 많습니다.
The place is a famous tourist attraction.	그곳은 유명한 관광지입니다.
It's the most beautiful city in the world.	그곳은 세계에서 가장 아름다운 도시입니다.
I can try their local food.	저는 그곳의 지역음식을 먹어볼 수 있습니다.
Traveling is good for relieving stress.	여행은 스트레스 해소에 좋습니다.
It takes about two hours to go there.	거기에 가는 데 대략 2시간 걸립니다.
Air travel is exciting.	비행기 여행은 흥미진진합니다.
Learning a different culture expands my knowledge.	다른 문화를 배우는 것은 제 지식을 확장시켜 줍니다.
I enjoy the scenery.	저는 풍경을 즐깁니다.
A train station is very close to my home.	기차 역은 저희 집에서 매우 가깝습니다.

UNIT 4 Free Time Activity

여가 시간의 활동에 관한 주제 역시 앞 단원과 마찬가지로 자신이 늘 하는 것이더라도 답변하는 것이 생각보다 쉽지 않습니다. 실제로 하는 것이 아니더라도 답변하기 쉽고 말할 거리가 많은 활동을 선택하는 것이 유리합니다. 그 활동을 구체적으로 말할 수 있고 또 그 이유까지 준비해 두어야 관련 질문에 쉽게 답할 수 있습니다.

🎓 질문 유형 파악하기

Would you describe your typical weekend? 전형적인 주말에 대해 말씀해 주시겠어요?
Please tell me about your recent vacation. 최근 휴가에 대해 말씀해 주세요.
What is your favorite outdoor activity? 가장 좋아하는 야외 활동은 무엇입니까?
What type of activities help you relax? 어떤 종류의 활동이 긴장을 푸는 데 도움이 됩니까?
What are your leisure activities? 당신의 여가 활동은 무엇입니까?
Talk about your normal Sunday routine. 평소의 일요일 일과에 대해 말씀해 보세요.
Have your leisure activities changed since you were a child? 어린 시절 이후로 당신의 여가 활동이 바뀌었나요?
Do you play any video games? Why or why not? 비디오 게임을 하시나요? 한다면 왜 하시나요? 아니라면 왜 안 하시나요?
Do you prefer to spend your free time alone or with other people?
여가 시간을 혼자 보내는 것을 선호합니까, 다른 사람들과 보내는 것을 선호합니까?

🎓 관련 어휘 파악하기

typical [ǀtɪpɪkl]	일반적인, 보통의	**normal** [ǀnɔːrml]	보통의, 평범한
recent [riːsnt]	최근의	**routine** [ruːǀtiːn]	일상, 틀
favorite [féivərit]	가장 좋아하는	**child** [tʃaɪld]	아이
outdoor [ǀautdɔː(r)]	야외의	**prefer** [prɪǀfɜː(r)]	선호하다
activity [ækǀtɪvəti]	활동	**free time** [friːtaɪm]	자유 시간
relax [rɪǀlæks]	휴식을 취하다	**alone** [əǀloʊn]	혼자
leisure [ǀliːʒər]	여가	**people** [ǀpiːpl]	사람들

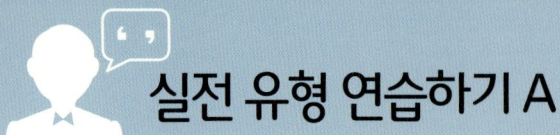

실전 유형 연습하기 A

Q1 Would you describe your typical weekend?
전형적인 주말에 대해 말씀해 주시겠어요?

SAMPLE ANSWER 1

I spend most weekends with my family. I often take my children on a trip to the zoo. They love to mingle with a variety of friendly animals. If not, we go for a drive in the country.

- zoo 동물원
- mingle with ~와 어울리다
- friendly 친근한, 상냥한

저는 대부분의 주말을 가족과 함께 보냅니다. 저는 아이들을 동물원에 자주 데려갑니다. 아이들은 친근한 동물들과 어울리는 것을 매우 좋아합니다. 그렇지 않으면, 우리는 시골로 드라이브하러 갑니다.

🔑 Key Expressions

take + 사람 + on a trip	~을 여행에 데려가다
a variety of ~	여러가지의 ~
go for a drive	드라이브하러 가다

on a trip / for a drive → 관사 'a' 생략 불가

- ⭕ I take my pet on **a** trip. 나는 내 애완동물을 여행에 데려간다.
- ❌ I take my pet on trip.

- ⭕ They went for **a** drive. 그들은 드라이브하러 갔다.
- ❌ They went for drive.

SAMPLE ANSWER 2

I read books or sleep on the weekend. I spend most of the time resting. Sometimes I meet friends and have a drink on Saturday night. I try to go hiking at least once a month for my health, but it is not as easy as it sounds.

- rest 쉬다
- have a drink 술 마시다
- go hiking 도보 여행하다
- at least 최소한

저는 주말에 책을 읽거나 잠을 잡니다. 저는 대부분의 시간을 쉬면서 보냅니다. 때때로 토요일 저녁에 친구들을 만나서 술을 마십니다. 저는 제 건강을 위해 최소한 한 달에 한 번은 하이킹을 가려고 노력하지만 그것은 말처럼 쉽지 않습니다.

🔑 Key Expressions

spend + 시간 + -ing	~하는 데 시간을 보내다
try to + 동사	~하려고 노력하다
as + 형용사 + as it sounds	들리는 것처럼 ~한

try + to부정사 (~하려고 노력하다) vs. try + -ing (~하는 것을 시도하다)

- ⭕ I try **to quit** smoking. 금연하려고 노력한다. 〈의지를 가지고 하는 것〉
- ⭕ I try **eating** spicy food. 매운 음식을 먹으려고 시도한다. 〈시험삼아 해보는 것〉

핵심표현 다지기 A

원어민의 음성을 듣고 빈 칸을 채운 후 나만의 답변을 완성해 보세요. 🎧 SPA04_A

SAMPLE ANSWER 1

I spend most weekends with my family. I often take my children _____ to the zoo. They love to mingle with _____ friendly animals. If not, we _____ a drive in the country.

👆 **Pronunciation Tips**
- children [tʃíldrən] • zoo [zu:] • mingle [míŋgl] • animal [ǽniml] • drive [draɪv]

MY ANSWER 1

SAMPLE ANSWER 2

I read books or sleep on the weekend. I spend _____ the time resting. Sometimes I meet friends and have a drink on Saturday night. I _____ go hiking at least once a month for my health, but it is not as easy as _____.

👆 **Pronunciation Tips**
- resting [réstiŋ] • friends [frendz] • drink [drɪŋk] • hiking [háɪkɪŋ] • least [li:st]

MY ANSWER 2

Expression Checkup

1. There are a _____ _____ plants in the botanical gardens.
   식물원에는 여러가지 식물들이 있다.

2. I try _____ _____ a book every day. 나는 매일 책을 읽으려고 한다.

❶ to read ❷ variety of

실전 유형 연습하기 B

Q2 Please tell me about your recent vacation.
최근 휴가에 대해 말씀해 주세요.

SAMPLE ANSWER 1

My last vacation was two months ago. I went to Jeju Island with my family. Jeju Island is one of the most beautiful islands in Korea. We had sashimi of local fish. Actually, sashimi is my favorite food. It was very fresh and delicious.

local fish	지역 어류
sashimi	회
favorite	매우 좋아하는
fresh	신선한

저의 최근 휴가는 2달 전이었습니다. 저는 가족과 함께 제주도에 갔습니다. 제주도는 한국에서 가장 아름다운 섬 중 하나입니다. 우리는 회를 먹었습니다. 사실 회는 제가 매우 좋아하는 음식입니다. 회는 매우 신선했고 맛있었습니다.

🔑 Key Expressions

one of the + 최상급 + 복수명사	가장 ~한 것 중의 하나
Actually, ~	사실, 실제로 (구체적인 설명 또는 앞 내용을 보충해서 강조하고 싶을 때 연결어로 사용)
my favorite + 명사	가장 좋아하는 ~

 시간 + ago vs. before + 사건
- I visited my uncle two years **ago**. 나는 삼촌을 2년 전에 방문했다.
- I had visited my uncle **before** he left the country. 나는 삼촌이 이 나라를 떠나기 전에 그를 방문했다.
- ✗ I visited my uncle two years **before**.

SAMPLE ANSWER 2

I spent time with my friends on my last vacation. I am usually very busy at work, so I cannot see my friends often. So, for this holiday, my friends and I went to a movie theater together and watched the number one movie at the box office. It was a casual and comfortable holiday.

holiday	휴일
at the box office	영화 흥행에서
casual	평상시 같은

저는 가장 최근 휴가를 친구들과 함께 보냈습니다. 저는 보통 일할 때 너무 바빠서 친구들을 자주 볼 수 없습니다. 그래서, 이번 휴일에는 친구들과 함께 극장에 가서 흥행 1위의 영화를 봤습니다. 매우 평범하고 편안한 휴일이었습니다.

🔑 Key Expressions

on my vacation	휴가 때
be busy at work	일하기에 바쁘다
the number one + 명사	1위의 ~

 명사 앞에 쓰는 형용사 'casual'
- I wear casual **clothes**. 나는 캐주얼한 옷을 입는다.
- ✗ I wear casual.

핵심표현 다지기 B

원어민의 음성을 듣고 빈 칸을 채운 후 나만의 답변을 완성해 보세요. 🎧 SPA04_B

SAMPLE ANSWER 1

My last vacation was two months ago. I went to Jeju Island with my family. Jeju Island is _____ the most beautiful islands in Korea. We had sashimi of local fish. _____, sashimi is my _____ food. It was very fresh and delicious.

☝ **Pronunciation Tips**
- vacation [vəˈkeɪʃn]   • months [mʌns]   • island [ˈaɪlənd]   • sashimi [saːˈshiːmi]   • local [ˈloʊkl]
- delicious [dɪˈlɪʃəs]

MY ANSWER 1

SAMPLE ANSWER 2

I spent time with my friends _____ last vacation. I am usually very busy _____, so I cannot see my friends often. So, for this holiday, my friends and I went to a movie theater together and watched the _____ movie at the box office. It was a casual and comfortable holiday.

☝ **Pronunciation Tips**
- cannot [ˈkænɑːt]   • often [ˈɔːfn; ˈɔːftən]   • watched [wɑːtʃt]   • office [ˈɔːfɪs]
- comfortable [ˈkʌmftəbl]   • casual [ˈkæʒuəl]

MY ANSWER 2

Expression Checkup

1. I want to go abroad _____ my vacation. 나는 휴가 때 해외로 나가고 싶다.

2. He is one of the _____ students in the class. 그는 반에서 가장 똑똑한 학생 중 한 명이다. (smart)

① on ② smartest

핵심 표현 사전

여가활동 관련

I play soccer and basketball in my free time.	저는 자유시간에 축구와 농구를 합니다.
I like playing games.	저는 게임 하는 것을 좋아합니다.
My favorite activity is shopping.	제가 가장 좋아하는 활동은 쇼핑입니다.
It's good to spend time at a park.	공원에서 시간 보내는 것은 좋습니다.
I browse art galleries in my area.	저는 저희 지역에 있는 미술관들을 둘러봅니다.
I attend a sporting event.	저는 스포츠 행사에 참석합니다.
Attending opera or musical concerts makes me excited.	오페라나 음악 콘서트에 가는 것은 저를 흥분시킵니다.
People need time away from work.	사람들은 일로부터 떠나 있는 시간이 필요합니다.
Playing a sport is a good way to be in shape.	스포츠를 하는 것은 몸매 유지를 위한 좋은 방법입니다.
I can relax my mind.	저는 마음을 편하게 할 수 있습니다.
Fishing is my favorite outdoor activity.	낚시는 제가 가장 좋아하는 야외 활동입니다.

UNIT 5 Foods & Eating out

식생활 관련 문제는 개인의 음식 취향과 외식에 대해 물어봅니다. 난이도가 좀 높은 문제로는 한국의 전통 음식과 음식 문화에 대해 말하는 문제가 나올 수 있습니다. 한국 전통 음식과 음식 문화에 대해서는 뒤에서 더 다루도록 할 것입니다.

질문 유형 파악하기

Apart from Korean foods, what kind of food do you enjoy eating?
한국 음식을 제외하고 어떤 종류의 음식을 즐겨 먹나요?

What is the most important factor when you choose a restaurant?
식당을 고를 때 가장 중요한 요소는 무엇인가요?

In your opinion, what is the best snack or beverage to have during a movie?
영화 보는 동안 먹기에 가장 좋은 간식이나 음료수는 무엇인가요?

What is your favorite summer food? 가장 좋아하는 여름 음식은 무엇인가요?

What is your favorite junk food? Please explain why it is your favorite.
가장 좋아하는 패스트푸드는 무엇인가요? 그 이유를 설명해 보세요.

What is your comfort food? Please explain why it is your comfort food.
당신의 그리운 옛맛 음식[강장 음식]은 무엇인가요? 그 이유를 설명해 보세요.

Please talk about what you have eaten and drank today. 당신이 오늘 먹거나 마신 것에 대해 말씀해 보세요.

What is your favorite snack? When do you enjoy eating it most?
가장 좋아하는 간식은 무엇인가요? 언제 그것을 가장 즐겨 먹나요?

If you had your personal chef, what meal would you ask for most?
개인 요리사가 있다면, 어떤 음식을 가장 많이 요청할 건가요?

What kind of food do you usually have for lunch? 점심으로 어떤 종류의 음식을 주로 먹나요?

관련 어휘 파악하기

Korean food [kərí:ənfu:d]	한국 음식	favorite [féivərit]	가장 좋아하는
factor [fæktə(r)]	요인	summer food [ˈsʌmər fuːd]	여름 음식
restaurant [ˈrestrɑːnt]	음식점, 식당	junk food [dʒʌŋk fuːd]	정크푸드
snack [snæk]	간단한 식사	comfort food [ˈkʌmfərt fuːd]	그리운 옛맛 음식
beverage [ˈbevərɪdʒ]	음료	personal [ˈpɜːrsənl]	개인적인, 개인의
during [ˈdʊrɪŋ]	~ 동안에	chef [ʃef]	요리사

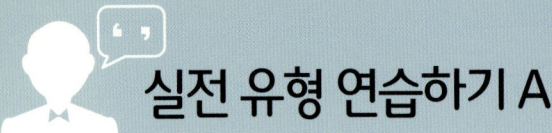

실전 유형 연습하기 A

Q1 Apart from Korean foods, what kind of food do you enjoy eating?
한국 음식을 제외하고 어떤 종류의 음식을 즐겨 먹나요?

SAMPLE ANSWER 1

I enjoy eating Italian foods. The best Italian food for me is pizza. Some people call a pizza an Italian 'Bindaetteok'. Bindaetteok is Korean traditional food. It just looks like a pizza but much smaller. I order a pizza delivery every Friday night.

traditional 전통의
order 주문하다
delivery 배달

저는 이탈리아 음식 먹는 것을 즐깁니다. 저에게 최고의 이탈리아 음식은 피자입니다. 몇몇 사람들은 피자를 이탈리아 빈대떡이라고 부릅니다. 빈대떡은 한국의 전통 음식입니다. 그것은 꼭 피자처럼 생겼지만 훨씬 작습니다. 저는 매주 금요일 밤 피자 배달을 시킵니다.

🔑 Key Expressions

call A B	A를 B라고 부르다
looks like + 명사	~처럼 보이다
much + 비교급	훨씬 더 ~

 Tips　call A (A를 부르다, A에게 전화하다) vs. call A B (A를 B라고 부르다)
- He **calls** me. 그가 나에게 전화를 한다.
- He **calls** me 'baby'. 그는 나를 '베이비'라고 부른다.

SAMPLE ANSWER 2

I love Chinese food. I especially enjoy going to a Dim Sum restaurant. They are small bite-sized. It's both easy and fun to eat. My favorite kind is a prawn dumpling. Dessert Dim Sums are great as well.

especially 특히
bite-sized 한 입 크기의
prawn 새우

저는 중국 음식을 정말 좋아합니다. 저는 특히 딤섬 식당에 가는 것을 즐깁니다. 딤섬은 조그만 한 입 크기입니다. 그것은 먹기에 쉽고 재미있습니다. 제가 좋아하는 종류는 새우 덤플링입니다. 디저트 딤섬 역시 매우 훌륭합니다.

🔑 Key Expressions

both A and B	A와 B 둘 다
My favorite kind is ~	내가 가장 좋아하는 종류는 ~이다
as well	역시, 또한

 Tips　as well vs. as well as
- He is lucky **as well**. 그도 역시 운이 좋다.
- He is lucky **as well as** skillful. 그는 능숙할 뿐만 아니라 운도 좋다.

핵심표현 다지기 A

원어민의 음성을 듣고 빈 칸을 채운 후 나만의 답변을 완성해 보세요. 🎧 SPA05_A

SAMPLE ANSWER 1

I enjoy eating Italian foods. The best Italian food for me is pizza. Some people _____ a pizza an Italian 'Bindaetteok'. Bindaetteok is Korean traditional food. It just looks _____ a pizza but _____ smaller. I order a pizza delivery every Friday night.

☞ **Pronunciation Tips**
- Italian [itǽljən]   • Korean [kərí:ən]   • traditional [trədíʃənl]   • order [ɔ́:rdə(r)]
- delivery [dɪlɪ́vəri]   • every [évri]   • Friday [fráɪdeɪ]

MY ANSWER 1

SAMPLE ANSWER 2

I love Chinese food. I especially enjoy going to a Dim Sum restaurant. They are small bite-sized. It's _____ easy and fun to eat. My favorite _____ is a prawn dumpling. Dessert Dim Sums are great _____.

☞ **Pronunciation Tips**
- especially [ɪspéʃəli]   • restaurant [réstrɑ:nt]   • bite-sized [baɪt saɪzd]   • prawn [prɔ:n]
- dumpling [dʌ́mplɪŋ]   • dessert [dɪzɜ́:rt]

MY ANSWER 2

Expression Checkup

1. The house looks _____ a palace. 그 집은 궁전처럼 보인다.

2. People _____ him a genius. 사람들은 그를 천재라 부른다.

❶ like ❷ call

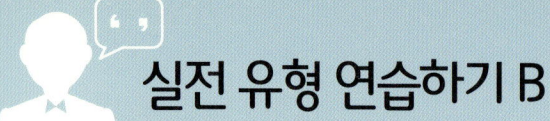

실전 유형 연습하기 B

Q2 What is the most important factor when you choose a restaurant?
식당을 고를 때 가장 중요한 요소는 무엇인가요?

SAMPLE ANSWER 1

Menus are the most important thing when I dine out. I usually go to a restaurant with my family. My parents can't have spicy or greasy foods because they have diabetes. We often go to a restaurant near our home because they serve healthy food.

- spicy 매운
- greasy 기름진
- diabetes 당뇨병
- serve 제공하다

제가 외식할 때, 메뉴는 가장 중요한 것입니다. 저는 주로 제 가족과 함께 식당에 갑니다. 저희 부모님은 당뇨병이 있으셔서 맵거나 기름기 많은 음식을 드실 수 없습니다. 우리는 집 근처 식당에 자주 가는데, 그 이유는 그곳이 건강에 좋은 음식을 제공하기 때문입니다.

🔑 Key Expressions

dine out	외식하다
near our home	우리 집 근처의
serve healthy food	건강에 좋은 음식을 제공하다

 Tips most + 형용사 vs. the most + 형용사 + 명사 (most 앞의 관사 the는 최상급 다음에 명사가 올 때에만 쓴다.)

- ⭕ My car is **most** important to me. 내 차는 나에게 가장 중요하다.
- ⭕ My car is **the most** important **thing** to me. 내 차는 나에게 가장 중요한 것이다.
- ❌ My car is the most important.

SAMPLE ANSWER 2

Location is most important. When I eat out with my friends, it is very hard to set a place. We all live far apart, so finding a good place for everyone is tough. In addition, some of us drive and most restaurants in downtown Seoul have small parking areas.

- location 위치
- set 장소나 시간을 정하다
- tough 어려운
- parking area 주차 공간

위치가 가장 중요합니다. 제가 친구들과 외식할 때, 장소를 정하는 것은 매우 어렵습니다. 우리는 모두 멀리 떨어져 삽니다. 그래서 모두에게 좋은 장소를 찾는 것은 매우 어렵습니다. 게다가, 우리 중 몇몇은 운전을 하고 서울 번화가에 있는 대부분의 음식점은 주차 공간이 작습니다.

🔑 Key Expressions

It's very hard to ~	~하는 것은 매우 어렵다
live far apart	멀리 떨어져 살다
In addition,	게다가,

 Tips some + 명사 vs. some of them
(some이 단독으로 쓰일 경우 '몇몇'이라는 뜻, some of them은 '~ 중의 몇'이라는 뜻으로, 앞 문장에서 그 전체 대상에 대한 명사가 있어야 한다.)

- ⭕ **Some** people are busy. 몇몇 사람들은 바쁘다.
- ⭕ **Some of them** are busy. 그들 중 몇몇은 바쁘다.
- ❌ Some of people are busy. 〈people 앞에 한정사 the가 와야 함〉

핵심표현 다지기 B

원어민의 음성을 듣고 빈 칸을 채운 후 나만의 답변을 완성해 보세요. 🎧 SPA05_B

SAMPLE ANSWER 1

Menus are the most important _____ when I dine _____. I usually go to a restaurant with my family. My parents can't have spicy or greasy foods because they have diabetes. We often go to a restaurant _____ our home because they _____ healthy food.

👉 **Pronunciation Tips**
- menu [|menju:]   • important [ɪm|pɔ:rt]   • parents [|perəntz]   • spicy [|spaɪsi]
- greasy [|gri:si]   • diabetes [|daɪə|bi:ti:z]   • healthy [|helθi]

MY ANSWER 1

SAMPLE ANSWER 2

Location is most important. When I eat out with my friends, it is very hard _____ a place. We all live _____, so finding a good place for everyone is tough. _____ addition, some of us drive and most restaurants in downtown Seoul have small parking areas.

👉 **Pronunciation Tips**
- location [loʊ|keɪʃn]   • friends [frendz]   • place [pleɪs]   • apart [ə|pɑ:rt]   • everyone [|evriwʌn]
- tough [tʌf]   • addition [ə|dɪʃn]

MY ANSWER 2

Expression Checkup

1. _____ _____ important thing is confidence. 가장 중요한 것은 자신감이다.

2. It's very hard _____ _____ time. 시간을 정하기가 매우 어렵다.

① The most ② to set

UNIT 5 Foods & Eating out

핵심 표현 사전

음식 관련

It's a traditional dish.	그것은 전통 음식입니다.
The food tastes good.	그 음식은 맛이 좋습니다.
I enjoyed my meal.	저는 식사를 즐겼습니다.
I order hot foods.	저는 뜨거운 음식을 주문합니다.
It's the most famous restaurant in my town.	그곳은 저희 동네에서 가장 유명한 식당입니다.
I can eat sushi every day.	저는 초밥을 매일 먹을 수 있습니다.
They serve various mouthwatering dish.	그들은 다양한 군침 도는 요리를 제공합니다.
I eat out a couple of times a week.	저는 일주일에 한두 번 외식을 합니다.
I can eat quickly at a fast-food restaurant.	패스트푸드 식당에서는 빨리 먹을 수 있습니다.
My favorite healthy snacks are nuts.	제가 좋아하는 건강에 좋은 간식은 견과류입니다.

UNIT 6 Sports

스포츠 관련 질문은 주로 평소의 운동 습관에 대해 많이 물어봅니다. 운동을 즐겨 하지 않거나 스포츠에 관심이 없더라도 좋아하는 운동과 스포츠 게임에 대해 말할 내용을 미리 준비해 두는 것이 좋습니다.

🎓 질문 유형 파악하기

What sport do you enjoy playing? 어떤 스포츠를 즐기시나요?

Which do you think is better: going to the gym before or after work?
출근하기 전에 헬스클럽에 가는 것과, 퇴근하고 가는 것 중 어느 것이 낫다고 생각하시나요?

What do you think is the most popular sport in the world?
세계에서 가장 대중적인 스포츠는 무엇이라고 생각하시나요?

Do you think it is important to keep yourself in shape? 몸매를 유지하는 것이 중요하다고 생각하십니까?

Where do you usually exercise? 주로 어디에서 운동하시나요?

Have you ever exercised at a fitness center? 헬스클럽에서 운동해 보셨나요?

What is your favorite sports team? 가장 좋아하는 스포츠 팀은 무엇인가요?

Please tell me about your favorite sports star. 가장 좋아하는 운동선수에 대해 말씀해 보세요.

Do you think playing sports is good for relieving stress?
운동을 하는 것이 스트레스 해소에 좋다고 생각하시나요?

🎓 관련 어휘 파악하기

sport [spɔːrt]	스포츠	**exercise** [|eksərsaɪz]	운동[하다]
gym [dʒɪm]	체육관, 헬스클럽	**fitness center** [|fɪtnəs séntər]	헬스클럽
popular [|pɑːpjələ(r)]	인기 있는	**relieve** [rɪ|liːv]	없애다, 덜어주다
important [ɪm|pɔːrtnt]	중요한	**sports star** [spɔːrtzstɑː(r)]	스포츠 스타
shape [ʃeɪp]	몸매, 형태	**stress** [stres]	스트레스

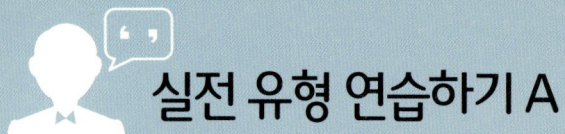

실전 유형 연습하기 A

Q1 What sport do you enjoy playing? 어떤 스포츠를 즐기시나요?

SAMPLE ANSWER 1

I enjoy playing tennis. I can play outside and get some fresh air. I can also play one-on-one or two-on-two. Tennis gives me enough exercise to stay healthy and active. I feel much healthier after playing tennis.

one-on-one 1대 1
active 활동적인

저는 테니스 치는 것을 즐깁니다. 야외에서 할 수 있고, 맑은 공기를 마실 수 있습니다. 또한 1 대 1 또는 2 대 2로 칠 수 있습니다. 테니스는 제가 건강을 유지하고 활동적일 수 있도록 충분한 운동을 하게 해줍니다. 저는 테니스를 친 후에 훨씬 건강함을 느낍니다.

🔑 Key Expressions

get some fresh air	맑은 공기를 마시다
stay healthy	건강을 유지하다
feel much healthier	훨씬 더 건강함을 느끼다

 Tips much → '훨씬' 이라는 뜻으로 비교급 수식
  ○ I feel **much** healthier. 나는 훨씬 더 건강하게 느낀다.
  ✗ I feel **more** healthier.

SAMPLE ANSWER 2

I like swimming. I can swim inside or outside. During the winter, I like swimming inside. But during the summer, I like to swim outside. I like swimming because I can either swim by myself or against other people.

by myself 혼자서
against 대항하여

저는 수영하는 것을 좋아합니다. 저는 실내 또는 실외에서 수영할 수 있습니다. 겨울 동안에는, 실내에서 수영하는 것이 좋습니다. 그러나 여름에는 실외에서 수영하는 것을 좋아합니다. 저는 수영을 혼자 하거나 다른 사람과 겨룰 수 있어서 좋아합니다.

🔑 Key Expressions

during the winter[summer]	~겨울[여름] 동안에
either A or B	A와 B 중 하나
against other people	다른 사람들과 대항하여

 Tips outside(밖에서, 야외에서)는 전치사 'at' 없이 쓴다.
  ○ I can swim **outside**. 나는 밖에서 수영할 수 있다.
  ✗ I can swim **at outside**.

핵심표현 다지기 A

원어민의 음성을 듣고 빈 칸을 채운 후 나만의 답변을 완성해 보세요. 🎧 SPA06_A

SAMPLE ANSWER 1

I enjoy playing tennis. I can play outside and _____ some fresh air. I can also play one-on-one or two-on-two. Tennis gives me enough exercise to _____ healthy and active. I feel _____ healthier after playing tennis.

👆 **Pronunciation Tips**
- tennis [|tenɪs] • outside [|aʊt|saɪd] • fresh [freʃ] • enough [ɪ|nʌf] • exercise [|eksərsaɪz]

MY ANSWER 1

SAMPLE ANSWER 2

I like swimming. I can swim inside or outside. _____ the winter, I like swimming inside. But during the summer, I like to swim outside. I like swimming because I can _____ swim by myself _____ against other people.

👆 **Pronunciation Tips**
- inside [|ɪn|saɪd] • because [bɪ|kɔːz] • myself [maɪ|self] • against [ə|genst]

MY ANSWER 2

Expression Checkup

1. I work _____ during the winter. 나는 겨울 동안에 실내에서 일한다.

2. She became _____ more beautiful. 그녀는 훨씬 더 아름다워졌다.

❶ inside ❷ much

UNIT 6 Sports 51

실전 유형 연습하기 B

Q2 Which do you think is better: going to the gym before or after work?
출근하기 전에 헬스클럽에 가는 것과, 퇴근하고 가는 것 중 어느 것이 낫다고 생각하시나요?

SAMPLE ANSWER 1

I like going to the gym before work. I am a morning person, so working out before work helps me get energy for the day. If I don't go to the gym before work, I'm usually in a bad mood all day.

work out	운동하다
mood	기분
all day	하루 종일

저는 일하기 전에 헬스클럽에 가는 것이 좋습니다. 저는 아침형 인간입니다. 그래서 일하기 전에 운동하는 것은 하루를 위한 에너지를 얻는 데 도움을 줍니다. 만약 제가 일하기 전에 헬스클럽에 가지 않으면 저는 대개 하루 종일 기분이 좋지 않습니다.

🔑 Key Expressions

before work	일하기 전에
a morning person	아침형 인간
helps me get energy	에너지를 얻는 데 도움이 되다
in a bad mood	기분이 안 좋은

 help + 목적어 + 동사원형
- ⭕ It helps me **get** some fresh air. 그것은 내가 신선한 공기를 마시는 데 도움을 준다.
- ❌ It helps me **getting** some fresh air.

SAMPLE ANSWER 2

I would rather go to the gym after work. I am usually busy during work, so going to the gym is good for relieving stress from work. Working out after work helps me relax and also have a good sleep at night.

after work	퇴근 후에
relax	휴식을 취하다

저는 퇴근 후 헬스클럽에 가는 것이 좋습니다. 저는 보통 일하는 동안에 바쁩니다. 그래서 헬스클럽에 가는 것은 스트레스 해소에 좋습니다. 퇴근 후 운동은 제가 휴식을 취하고 밤에 숙면을 취하는 데 도움이 됩니다.

🔑 Key Expressions

would rather ~	차라리 ~하겠다
be good for relieving stress	스트레스 해소에 좋다
have a good sleep	숙면을 취하다

 would rather + 동사원형
- ⭕ I would rather **live** in the city. 나는 차라리 도시에서 살겠다.
- ❌ I would rather **living** in the city.

핵심표현 다지기 B

원어민의 음성을 듣고 빈 칸을 채운 후 나만의 답변을 완성해 보세요. 🎧 SPA06_B

SAMPLE ANSWER 1

I like going to the gym _____ work. I am a _____ person, so working out before work _____ me get energy for the day. If I don't go to the gym before work, I'm usually _____ a bad mood all day.

👆 **Pronunciation Tips**
- gym [dʒɪm]
- energy [|enərdʒi]
- mood [mu:d]
- all [ɔ:l]

MY ANSWER 1

SAMPLE ANSWER 2

I would _____ go to the gym after work. I am usually busy during work, so going to the gym is good for _____ stress from work. Working out after work helps me relax and also _____ a good sleep at night.

👆 **Pronunciation Tips**
- after [|æftə(r)]
- relax [rɪ|læks]
- sleep [sli:p]

MY ANSWER 2

Expression Checkup

1. It helps _____ get closer to each other. 그것은 우리가 서로와 더 친해지도록 도와준다.

2. She is in a _____ _____ today. 그녀는 오늘 기분이 좋지 않다.

❶ us ❷ bad mood

핵심 표현 사전

운동 / 건강

I feel stronger.	저는 더 강해짐을 느낍니다.
I should go on a diet.	저는 다이어트를 해야 합니다.
I exercise regularly.	저는 규칙적으로 운동합니다.
I exercise by lifting some weights.	저는 역도 들기로 운동을 합니다.
I work out harder to lose weight.	저는 살을 빼기 위해 더 열심히 운동합니다.
I don't eat too much.	저는 과식하지 않습니다.
I should stay fit.	저는 몸매를 유지해야 합니다.
A healthy diet is important to me.	건강한 식단은 저에게 중요합니다.
The vegetable is a healthy food.	야채는 건강한 음식입니다.
Walking and jogging are healthy activities.	걷기와 조깅은 건강에 좋은 활동입니다.

UNIT 7 Shopping

쇼핑 주제의 질문들은 일상적인 쇼핑 습관부터 구체적인 제품을 사는 이유와 고려 사항까지 질문합니다. 최근 인터넷 쇼핑의 증가로 인해 자주 출제되는 주제이므로 관련 표현을 반드시 숙지하도록 합니다.

질문 유형 파악하기

Do you shop online? Why or why not? 온라인 쇼핑을 합니까? 왜 하나요? 아니면 왜 하지 않나요?

What do you consider to be the most important thing when you purchase a laptop?
노트북을 살 때 가장 중요하게 생각하는 것은 무엇인가요?

What is most important to you when you purchase a TV? TV를 구매할 때 당신에게 가장 중요한 것은 무엇인가요?

What is the most important thing when you buy a new cellphone?
새 휴대폰을 구매할 때 당신에게 가장 중요한 것은 무엇입니까?

How often do you shop for clothes? 얼마나 자주 옷을 사나요?

What are some disadvantages of online shopping? 온라인 쇼핑의 단점은 무엇입니까?

Do you consider the brand when shopping for electronic devices? Why?
전자기기를 살 때 브랜드를 고려하시나요? 그 이유는 무엇인가요?

What is the most expensive item you've bought in the last three months?
지난 석 달 동안 구매한 것 중 가장 비싼 것은 무엇인가요?

Do you prefer shopping alone or with others? Why?
쇼핑을 혼자 하는 것과 다른 사람들과 함께 하는 것 중 어느 것을 선호하시나요? 그 이유는 무엇인가요?

Please tell me about your most recent shopping experience.
가장 최근의 쇼핑 경험에 대해 말씀해 보세요.

관련 어휘 파악하기

online [|ɑ:n|laɪn]	온라인의	**electronic** [ɪ|lek|trɑ:nɪk]	전자의
shopping [|ʃɑ:pɪŋ]	쇼핑	**device** [dɪ|vaɪs]	장치, 기기
purchase [|pɜ:rtʃəs]	구매하다	**expensive** [ɪk|spensɪv]	비싼
laptop [|læptɑ:p]	노트북 컴퓨터	**product** [|prɑ:dʌkt]	제품, 상품
cellphone [|selfoʊn]	휴대폰	**price** [praɪs]	가격
clothes [kloʊðz]	옷	**comparison** [kəm|pærɪsn]	비교
disadvantage [|dɪsəd|væntɪdʒ]	단점	**mail order** [meɪl |ɔ:rdə(r)]	우편 주문
brand [brænd]	상표	**secondhand** [sékəndhǽnd]	중고의

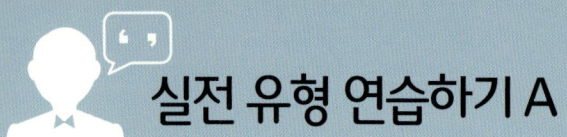

실전 유형 연습하기 A

Q1 Do you shop online? Why or why not?
온라인 쇼핑을 합니까? 왜 하나요? 아니면 왜 하지 않나요?

SAMPLE ANSWER 1

Yes, I shop on the Internet because things are cheaper than in stores. Besides, I don't need to go to the store. It is very convenient. I can save money and time. Actually, some of my friends are even addicted to online shopping.

shop 쇼핑하다; 상점	
convenient 편리한	
save 절약하다	

네, 저는 물건들이 상점보다 싸기 때문에 인터넷으로 쇼핑합니다. 게다가 저는 상점에 갈 필요가 없습니다. 이것은 매우 편리합니다. 저는 돈과 시간을 절약할 수 있습니다. 사실 제 친구 중 몇 명은 심지어 온라인 쇼핑에 중독되어 있습니다.

🔑 Key Expressions

shop on the Internet	인터넷으로 쇼핑하다
I don't need to + 동사원형	~할 필요가 없다
be addicted to ~	~에 중독되다

 Tips   on the Internet = online
- I shop **on the Internet**.
- I shop **online**.

SAMPLE ANSWER 2

No, I don't like to buy things online. Specifically, I never buy clothes online. I had bought some shirts through the Internet before, but they looked very different from the picture. The clothes on models in the picture were stylish and fancy. However, the actual clothes were not.

specifically 특히	
stylish 유행을 따르는, 멋진	
fancy 고급스러운, 화려한	

아니요. 저는 인터넷으로 물건 사는 것을 좋아하지 않습니다. 특히, 저는 절대로 옷을 인터넷으로 사지 않습니다. 저는 전에 인터넷을 통해 셔츠를 몇 벌 산 적이 있습니다. 그런데 그 옷들은 사진과 매우 달랐습니다. 사진 속 모델이 입은 옷은 멋있고 화려했습니다. 그러나 실제 옷은 그렇지 않았습니다.

🔑 Key Expressions

through the Internet	인터넷을 통해
look different from the picture	사진과 달라 보이다
in the picture	사진 속에는

 Tips   a shirt (단수) vs. shirts (복수) (한국말로 흔히 셔츠라고 하여 영어의 단수도 shirts라고 읽거나 사용하지 X)
- I bought **a shirt**. 나는 셔츠 한 벌을 샀다.
- I bought some **shirts**. 나는 셔츠 몇 벌을 샀다.

핵심표현 다지기 A

원어민의 음성을 듣고 빈 칸을 채운 후 나만의 답변을 완성해 보세요. 🎧 SPA07_A

SAMPLE ANSWER 1

Yes, I _____ the Internet because things are cheaper than in stores. Besides, I _____ need to go to the store. It is very convenient. I can save money and time. Actually, some of my friends are even _____ to online shopping.

👆 **Pronunciation Tips**
- Internet [ɪntərnet] • things [θɪŋz] • stores [stɔː(r)z] • besides [bɪsaɪdz]

MY ANSWER 1

SAMPLE ANSWER 2

No, I don't like to buy things online. Specifically, I never buy clothes online. I had bought some shirts _____ the Internet before, but they _____ very different from the picture. The clothes on models _____ the picture were stylish and fancy. However, the actual clothes were not.

👆 **Pronunciation Tips**
- specifically [spəsɪfɪkli] • bought [bɔːt] • shirts [ʃɜːrts] • model [mɑːdl] • stylish [staɪlɪʃ]
- fancy [fænsi] • actual [æktʃuəl]

MY ANSWER 2

Expression Checkup

1. Many students are _____ _____ video games. 많은 학생들이 비디오 게임에 중독되었다.

2. She looks a lot different _____ the picture. 그녀는 사진과 많이 달라 보인다.

① addicted to ② from

실전 유형 연습하기 B

Q2 **What do you consider to be the most important thing when you purchase a laptop?** 노트북을 살 때 가장 중요하게 생각하는 것은 무엇인가요?

SAMPLE ANSWER 1

I consider the brand most. I always use a laptop made by Samsung. I am very satisfied with the performance and their customer service. Actually, I cannot work without my laptop computer. Whenever it does not work, I can get it fixed quickly at the service center.

laptop 노트북	
performance 성능	
work 작동하다	
get fixed 수리 받다	

저는 브랜드를 가장 고려합니다. 저는 항상 삼성 노트북을 사용합니다. 저는 성능과 그들의 고객 서비스에 매우 만족합니다. 사실 저는 제 노트북 없이는 일을 할 수 없습니다. 노트북이 작동하지 않을 때마다 저는 서비스 센터에서 빨리 수리 받을 수 있습니다.

🔑 Key Expressions

made by ~	~에서 만들어진 (제조사)
customer service	고객 서비스
I cannot work without ~	~없이 일을 할 수 없다

 fix(고치다) vs. **get + 목적어 + fixed(수리를 받다)**
- I **fix** my computer. 나는 내 컴퓨터를 고친다. 〈직접〉
- I **get** my computer **fixed**. 나는 내 컴퓨터의 수리를 받는다. 〈누군가에 의해〉

SAMPLE ANSWER 2

Specifications of a laptop are most important to me. I am a programmer. I run many programs at once all the time. Therefore, my computer has to operate fast; otherwise I cannot finish my work on time.

specification 사양	
run 실행하다	
operate 작동하다	

저에게는 노트북의 사양이 가장 중요합니다. 저는 프로그래머입니다. 저는 항상 한번에 많은 프로그램을 실행시킵니다. 따라서 제 컴퓨터는 빠르게 작동해야 합니다. 그렇지 않으면 저는 제시간에 제 일을 끝낼 수 없습니다.

🔑 Key Expressions

have[has] to + 동사원형	~해야 한다
otherwise	그렇지 않으면
on time	제시간에

 in time (정해진 시간보다 미리) vs. **on time** (정해진 시간에)
- I will be **in** time. 나는 시간 안에 올 것이다.
- I will be **on** time. 나는 제시간에 올 것이다.

핵심표현 다지기 B

원어민의 음성을 듣고 빈 칸을 채운 후 나만의 답변을 완성해 보세요. 🎧 SPA07_B

SAMPLE ANSWER 1

I consider the brand most. I always use a laptop _____ Samsung. I am very satisfied with the performance and their _____ service. Actually, I cannot work _____ my laptop computer. Whenever it does not work, I can get it fixed quickly at the service center.

👆 **Pronunciation Tips**
- brand [brænd] • laptop [ˈlæptɑːp] • performance [pərˈfɔːrməns] • service [ˈsɜːrvɪs]
- whenever [wenˈevə(r)] • fixed [fɪkst] • quickly [ˈkwɪkli]

MY ANSWER 1

SAMPLE ANSWER 2

Specifications of a laptop are most important to me. I am a programmer. I run many programs at once all the time. Therefore, my computer _____ operate fast; _____ I cannot finish my work _____ time.

👆 **Pronunciation Tips**
- specifications [ˌspesɪfɪˈkeɪʃnz] • run [rʌn] • program [ˈproʊɡræm] • operate [ˈɑːpəreɪt]

MY ANSWER 2

Expression Checkup

1. He can _____ it quickly. 그는 그것을 재빨리 수리할 수 있다.

2. I have to go there _____ _____. 나는 거기에 제시간에 가야 한다.

① fix ② on time

UNIT 7 Shopping 59

핵심 표현 사전

쇼핑 / 제품

I always think about whether to buy or not.	저는 항상 살지 말지에 대해 생각합니다.
I enjoy shopping by mail order.	저는 우편 주문으로 쇼핑하는 것을 즐깁니다.
There are many outdoor clothes stands.	많은 의류노점상이 있습니다.
I can compare prices and products.	저는 가격과 상품을 비교할 수 있습니다.
I shop whenever it's convenient for me.	저는 제가 편할 때마다 쇼핑합니다.
I bought my cell phone last month.	저는 지난 달에 스마트폰을 샀습니다.
Shopping all day is tiring.	하루 종일 쇼핑하는 것은 피곤합니다.
Brand TV comes with a warranty.	브랜드 TV는 보증서가 있습니다.
They offer a full two-year warranty.	그들은 2년 보증 기간을 제공합니다.
I cannot try on.	저는 입어 볼 수 없습니다.
It takes time for delivery.	배송하는 데 시간이 걸립니다.

UNIT 8 Plans

계획을 주제로 한 문제는 실제 자신의 계획을 물어보는 단순 질문도 있지만 상황을 가정해서 답변하도록 하는 질문이 많습니다. 상황을 가정한 미래 계획 또는 과거의 바꾸고 싶은 일화를 물어봅니다. 이러한 문제들은 실제 시험에서 응시자가 당황해 동문서답을 하는 경우가 많으므로 미리 대비하는 것이 필요합니다.

🎓 질문 유형 파악하기

What do you think you will be doing five years from now? 지금부터 5년 후 당신은 무엇을 하고 있을 것 같습니까?

What would you do if you won the lottery? 복권에 당첨된다면 무엇을 할 건가요?

If you had the power to change the world, what would you change, and why?
만약 당신에게 세상을 변화시킬 힘이 있다면 무엇을 바꾸고 싶나요? 그 이유는 무엇인가요?

If you could travel back in time, which period would you like to go back to? Why?
시간을 거슬러 여행할 수 있다면, 어느 시대로 돌아가고 싶습니까? 그 이유는 무엇인가요?

Please talk about three things you want to achieve in the next 12 months.
향후 12개월 동안 이루고자 하는 세 가지에 대해 말해 보세요.

What will you do for the rest of the day after this SPA test? 이 SPA 시험이 끝나면 나머지 시간에 무엇을 할 건가요?

What would you like to do after you retire? 은퇴 후 어떤 일을 하고 싶나요?

Please tell me what you would do if you had extra money to spend.
소비할 여분의 돈이 있다면 무엇을 할 건지 말씀해 주세요.

What do you hope to accomplish in five years? 5년 후에는 무엇을 이루고 싶나요?

What is your next year goal? 당신의 내년 목표는 무엇인가요?

🎓 관련 어휘 파악하기

lottery [llɑ:təri]	복권	**extra** [ekstrə]	여분의
change [tʃeɪndʒ]	바꾸다	**spend** [spend]	소비하다
travel back [ltrævl bæk]	과거로 여행하다	**hope** [hoʊp]	희망하다
period [lpɪriəd]	시기, 기간	**accomplish** [əlkɑ:mplɪʃ]	성취하다
achieve [əltʃi:v]	성취하다	**goal** [goʊl]	목적, 목표
rest [rest]	나머지	**future** [lfju:tʃə(r)]	미래의
retire [rɪltaɪə(r)]	은퇴하다	**plan** [plæn]	계획

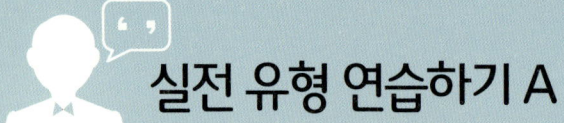

실전 유형 연습하기 A

Q1 What do you think you will be doing five years from now?
지금부터 5년 후 당신은 무엇을 하고 있을 것 같습니까?

SAMPLE ANSWER 1

In five years, I think I will be doing important projects as a manager. I am a leader. I can see myself leading a team on projects. I am happiest when I am helping a group complete a project.

leader 리더
lead 이끌다
complete 완료하다

5년 후에, 제 생각에 저는 매니저로서 중요한 프로젝트를 하고 있을 것입니다. 저는 리더입니다. 저는 제 자신이 프로젝트에서 한 팀을 이끄는 것을 볼 수 있습니다. 그룹이 프로젝트를 완료하는 것을 도울 때 저는 제일 행복합니다.

🔑 Key Expressions

as a manager	매니저로서
I can see myself -ing	나는 내 자신이 ~하는 것을 볼 수 있다
on a project	프로젝트에

 Tips   in two years vs. after two years

- ⭕ I will move out **in** two years. 나는 2년 안에 이사를 나갈 것이다. 〈이사 가기까지 2년 정도 소요될 예정〉
- ❌ I will move out **after** two years. 나는 2년 후에 이사를 나갈 것이다. 〈2년 후 언제인지는 알 수 없음〉

SAMPLE ANSWER 2

I will be traveling all over the world in five years. I have not had a chance to travel much. But when I have traveled abroad, it was difficult to communicate with people. That's why I'm studying an international language like English.

all over 곳곳에
communicate 의사소통하다

저는 5년 후에 세계 곳곳을 여행하고 있을 것입니다. 저는 여행할 기회가 많이 없었습니다. 그러나 제가 해외로 여행 갔을 때 사람들과 의사소통 하는 것이 어려웠습니다. 그게 제가 영어와 같은 국제 언어를 공부하는 이유입니다.

🔑 Key Expressions

I have not had a chance to + 동사	~할 기회가 없었다
It is difficult to + 동사	~하는 것은 어렵다
That's why + 주어 + 동사	그게 ~한 이유이다

 Tips   조동사 have

- ⭕ I **have not had** the chance to talk to her. 나는 그녀와 말할 기회를 가져보지 못했다. 〈과거〉
- ⭕ I **don't have** the chance to talk to her. 나는 그녀와 말할 기회가 없다. 〈현재〉
- ❌ I **haven't** chance to talk to her. 〈조동사 have not 뒤에 본동사가 없음〉

핵심표현 다지기 A

원어민의 음성을 듣고 빈 칸을 채운 후 나만의 답변을 완성해 보세요. 🎧 SPA08_A

SAMPLE ANSWER 1

In five years, I think I will be doing important projects _____ a manager. I am a leader. I can see myself _____ a team _____ projects. I am happiest when I am helping a group complete a project.

☞ **Pronunciation Tips**
- years [jɪrz]   • manager [ˈmænɪdʒə(r)]   • happiest [ˈhæpiest]   • group [gruːp]   • complete [kəmˈpliːt]

MY ANSWER 1

SAMPLE ANSWER 2

I will be traveling all over the world in five years. I have not _____ a chance to travel much. But when I have traveled abroad, it was _____ communicate with people. _____ I'm studying an international language like English.

☞ **Pronunciation Tips**
- over [ˈoʊvə(r)]   • world [wɜːrld]   • chance [tʃæns]   • communicate [kəˈmjuːnɪkeɪt]
- international [ˌɪntərˈnæʃnəl]   • language [ˈlæŋgwɪdʒ]

MY ANSWER 2

Expression Checkup

1. She will graduate _____ 2 years. 그녀는 2년 안에 졸업할 것이다.

2. We _____ _____ had the chance to meet yet. 우리는 아직 만날 기회가 없었다.

❶ in ❷ have not

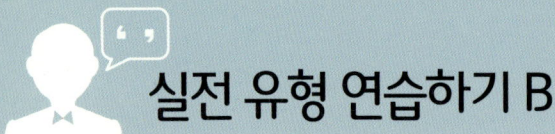

실전 유형 연습하기 B

Q2 What would you do if you won the lottery? 복권에 당첨된다면 무엇을 할 건가요?

SAMPLE ANSWER 1

If I won the lottery, I would travel. I've always wanted to go to the Maldives. I would quit my job and relax. The Maldives is the perfect place to relax because it has beautiful beaches and amazing food.

the Maldives 몰디브
quit 그만두다
amazing 놀라운

만약에 제가 복권에 당첨된다면, 저는 여행을 갈 것입니다. 저는 몰디브에 가는 것을 항상 원했습니다. 저는 제 일을 그만두고 쉴 것입니다. 몰디브는 쉬기에 완벽한 곳입니다. 왜냐하면 아름다운 해변과 놀랍도록 맛있는 음식이 있기 때문입니다.

🔑 Key Expressions

I've always wanted to + 동사원형	항상 ~하기를 원해 왔다 (지금도)
quit my job	일을 그만두다
It is the perfect place to + 동사원형	그곳은 ~하기에 완벽한 장소이다

 현재시제 vs. 현재완료시제
- I **want** to see you. 나는 네가 보고 싶다. 〈현재의 바람〉
- I **have wanted** to see you. 나는 네가 보고 싶었다. 〈과거부터 현재까지의 바람〉

SAMPLE ANSWER 2

If I won the lottery, I would buy nice things. The first thing I would buy is a luxurious car. I would buy an Italian sports car because of its stunning design. I would also buy a fancy house. I've always lived in an apartment since I was little. So I would love to live in a house with a wonderful backyard.

luxurious 호화스러운
stunning 깜짝 놀랄 만한
apartment 아파트
backyard 뒷마당, 뒤뜰

제가 만약 복권에 당첨된다면, 저는 좋은 것들을 살 것입니다. 첫 번째로 살 것은 고급스러운 자동차입니다. 저는 놀랄 만큼 멋진 디자인 때문에 이탈리아산 스포츠카를 살 것입니다. 화려한 집도 살 것입니다. 저는 어렸을 때 이후로 아파트에 살았습니다. 그래서 멋진 뒷마당이 있는 집에서 살고 싶습니다.

🔑 Key Expressions

because of + 명사	~ 때문에
since I was little	어렸을 때 이후로
a house with + 명사	~이 있는 집

 because of + 명사 vs. because + 주어 + 동사
- I was late **because of** you. 나는 너 때문에 늦었다.
- I was late **because** you walked too slow. 나는 네가 너무 천천히 걸어서 늦었다.

핵심표현 다지기 B

원어민의 음성을 듣고 빈 칸을 채운 후 나만의 답변을 완성해 보세요. 🎧 SPA08_B

SAMPLE ANSWER 1

If I won the lottery, I would travel. I've _____ wanted to go to the Maldives. I would _____ my job and relax. The Maldives is the perfect _____ relax because it has beautiful beaches and amazing food.

👆 **Pronunciation Tips**
- lottery [|lɑtəri]
- Maldives [mɔ́:ldi:vz]
- perfect [pər|fekt]
- beautiful [|bju:tɪfl]
- beach [bi:tʃ]
- amazing [ə|meɪzɪŋ]

MY ANSWER 1

SAMPLE ANSWER 2

If I won the lottery, I would buy nice things. The first thing I would buy is a luxurious car. I would buy an Italian sports car _____ its stunning design. I would also buy a fancy house. I've always lived in an apartment since I was _____. So I would love to live in a house _____ a wonderful backyard.

👆 **Pronunciation Tips**
- luxurious [lʌg|ʒʊriəs]
- stunning [|stʌnɪŋ]
- apartment [ə|pɑ:rtmənt]
- wonderful [|wʌndərfl]
- backyard [|bæk|jɑ:rd]

MY ANSWER 2

Expression Checkup

1. I take a subway _____ _____ a traffic jam. 나는 교통혼잡 때문에 지하철을 탄다.

2. I have a house _____ many windows. 나는 창문이 많은 집이 있다.

❶ because of ❷ with

핵심 표현 사전

미래의 계획, 의지

I always plan for the future.	저는 항상 미래를 위해 계획합니다.
I would study harder.	저는 더 열심히 공부할 것입니다.
I will be more fluent in English.	저는 영어에 더 유창해질 것입니다.
I hope to achieve my goal.	저는 제 목표를 달성하기를 원합니다.
I am going to run my own business.	저는 제 사업을 할 것입니다.
I want to gain power and prestige.	저는 권력과 명성을 얻고 싶습니다.
I will be an expert in my area.	저는 제 분야에서 전문가가 될 것입니다.
I would try different tasks.	저는 다른 업무를 시도해볼 것입니다.

UNIT 9 People

이번 Unit은 자신의 주변 인물에 대한 묘사 문제입니다. 자신이 좋아하는 스타에서부터 존경하는 인물이나 역사적 인물까지 질문 주제에 포함됩니다. 또한 교수나 상사, 친구 등 직접적으로 자신에게 영향을 끼쳤거나 끼치고 있는 사람들의 성격이나 성향에 대해 질문하기도 합니다.

질문 유형 파악하기

Who is your favorite celebrity? What would you do if you met this person unexpectedly in a café?
가장 좋아하는 유명인사는 누구입니까? 만약 우연히 카페에서 만난다면 어떻게 하시겠어요?

What is the first thing you notice about a person? 어떤 사람에 대해 가장 먼저 인식하는 것은 무엇인가요?

Please describe your best friend. 가장 친한 친구에 대해 말해 보세요.

Who inspires you? Describe the person and his/her achievements.
당신에게 영감을 주는 사람은 누구입니까? 그 사람에 대해, 그리고 성과에 대해 말해 보세요.

Talk about the person who has been the biggest influence in your life. Please provide specific examples. 인생에 있어 가장 큰 영향을 끼친 사람에 대해 말씀해 보세요. 구체적인 사례를 들어 보세요.

Talk about a historical figure you admire. Explain in detail what it is about this person that you admire. 존경하는 역사적 인물에 대해 말씀해 보세요. 그 사람에 대해 당신이 존경하는 부분을 자세히 설명해 보세요.

Do you have a role model or someone who you want to learn from? Please tell me about him or her. 배우고 싶은 롤 모델이 있습니까? 그 사람에 대해 말해 보세요.

Talk about your favorite professor at university. Explain why this professor is your favorite.
대학에서 가장 좋아하는 교수님에 대해 말씀해 보세요. 왜 그 교수님을 가장 좋아하는지 이유를 설명해 보세요.

Name a famous CEO that you admire. Please spend a couple of minutes to talk about this person.
존경하는 유명 CEO 이름을 말씀해 보세요. 그 사람에 대해 2~3분 동안 이야기해 주세요.

Describe the personality and characteristics of your perfect boss. 완벽한 상사의 성격과 특성을 설명해 보세요.

관련 어휘 파악하기

celebrity [sə|lebrəti]	유명인사	**influence** [|ɪnfluəns]	영향
unexpectedly [ˌʌnɪkspéktidli]	갑자기, 뜻밖에	**specific** [spə|sɪfɪk]	구체적인
notice [|noʊtɪs]	인지하다	**historical figure** [hɪ|stɔːrɪkl |fɪɡjər]	역사적 인물
person [|pɜ:rsn]	사람	**admire** [əd|maɪə(r)]	존경하다
best friend [bestfrend]	가장 친한 친구	**professor** [prə|fesə(r)]	교수
inspire [ɪn|spaɪə(r)]	영감을 주다	**personality** [|pɜːrsə|næləti]	성격
achievement [ə|tʃiːvmənt]	업적	**characteristic** [|kærəktə|rɪstɪk]	특성, 특질

실전 유형 연습하기 A

Q1 Who is your favorite celebrity? What would you do if you met this person unexpectedly in a café?
가장 좋아하는 유명인사는 누구입니까? 만약 그 사람을 우연히 카페에서 만난다면 어떻게 하시겠어요?

SAMPLE ANSWER 1

My favorite celebrity is Brad Pitt. I think he's a great actor. I would be very surprised if I saw him in a café. If I did see him, I would try to kiss him. It seems like a once in a lifetime chance.

actor 배우
lifetime 일생, 평생
chance 기회

제가 가장 좋아하는 유명인사는 브래드 피트입니다. 제 생각에 그는 훌륭한 연기자입니다. 그를 카페에서 본다면 깜짝 놀랄 것입니다. 제가 진짜로 그를 본다면 저는 그에게 키스를 하려고 할 것입니다. 그것은 정말 평생에 한 번 올까 말까 한 기회일 것 같습니다.

🔑 Key Expressions

be very surprised	깜짝 놀라다
It seems like ~	~인 것 같다
once in a lifetime chance	평생에 한 번 올까 말까 한 기회

 surprised vs. surprising

- ⭕ I am **surprised**. 나는 깜짝 놀랐다.
- ❌ I am **surprising**.
- ⭕ His work **is surprising**. 그의 작품은 놀랍다.

SAMPLE ANSWER 2

My favorite singer is Adam Levine from Maroon 5. He is popular all around the world. If I met him in a café, I would ask him to sing for me. I would ask him to sing "This Love". It's one of my favorite Maroon 5 songs. I would remember it forever.

popular 인기 있는
ask 부탁하다
remember 기억하다
forever 영원히

제가 가장 좋아하는 가수는 마룬 파이브의 애덤 리바인입니다. 그는 전세계적으로 유명합니다. 만약에 제가 카페에서 그를 만난다면 저를 위해 노래해 달라고 부탁할 것입니다. 저는 'This love'를 불러 달라고 할 거예요. 그것은 제가 제일 좋아하는 마룬 파이브 노래 중 하나입니다. 저는 그것을 영원히 기억할 것입니다.

🔑 Key Expressions

~ is popular all around the word	~은 전세계적으로 유명하다
ask someone + to + 동사원형	~에게 ~해 달라고 부탁하다
It's one of my favorite + 명사	그것은 내가 제일 좋아하는 ~중 하나이다

 ask A to B (A에게 B를 요구하다) vs. ask for A (A를 요구하다)

- ⭕ He **asked** me **to** buy him a present. 그는 나에게 그의 선물을 사달라고 부탁했다.
- ⭕ He **asked for** money. 그는 돈을 요구했다.

핵심표현 다지기 A

원어민의 음성을 듣고 빈 칸을 채운 후 나만의 답변을 완성해 보세요. 🎧 SPA09_A

SAMPLE ANSWER 1

My favorite celebrity is Brad Pitt. I think he's a great actor. I would be very _____ if I saw him in a café. If I did see him, I would try to kiss him. It seems _____ a once in a _____ chance.

👆 **Pronunciation Tips**
- celebrity [səˈlebrəti]   • actor [ˈæktə(r)]   • café [kæˈféi]   • once [wʌns]   • chance [tʃæns]

MY ANSWER 1

SAMPLE ANSWER 2

My favorite singer is Adam Levine from Maroon 5. He is popular _____ the world. If I met him in a café, I would ask him _____ for me. I would ask him to sing "This Love". It's _____ my favorite Maroon 5 songs. I would remember it forever.

👆 **Pronunciation Tips**
- singer [ˈsɪŋə(r)]   • popular [ˈpɑːpjələ(r)]   • remember [rɪˈmembə(r)]   • forever [fərˈevə(r)]

MY ANSWER 2

Expression Checkup

1. His performance was truly _____. 그의 연주는 진심으로 놀라웠다.

2. Summer is _____ _____ my favorite seasons. 여름은 내가 좋아하는 계절 중 하나이다.

① surprising ② one of

실전 유형 연습하기 B

Q2 What is the first thing you notice about a person?
어떤 사람에 대해 가장 먼저 인식하는 것은 무엇인가요?

SAMPLE ANSWER 1

The first thing I notice about a person is the appearance. I always notice tall people first when I enter a room. I also notice a person's eyes. I usually like people who have bright eyes. I think bright eyes make a good impression.

appearance 외모
impression 인상

제가 사람을 볼 때 제일 먼저 신경 쓰는 것은 외모입니다. 방에 들어갈 때 저는 항상 제일 키 큰 사람에게 주목합니다. 저는 또한 사람의 눈에 주목합니다. 저는 대개 또렷한 눈을 가진 사람을 좋아합니다. 제 생각에 또렷한 눈은 좋은 인상을 줍니다.

🔑 Key Expressions

notice ~ first	~을 가장 먼저 알아채다
bright eyes	또렷한 눈
make a good impression	좋은 인상을 주다

 make a good impression on A (A에게 좋은 인상을 남기다)
- ⭕ It is important to make a good impression **on** others. 다른 사람들에게 좋은 인상을 남기는 것은 중요하다.
- ❌ It is important to make a good impression **in** others.

SAMPLE ANSWER 2

I usually notice a person's personality first. I like people who are friendly and outgoing. I like people like this because I am talkative. In my opinion, it's easier to become friends with people who are nice to talk to.

friendly 상냥한
outgoing 외향적인
talkative 수다스러운

저는 대개 사람의 성격에 가장 먼저 주목합니다. 저는 상냥하고 외향적인 사람들을 좋아합니다. 저는 말하는 것을 좋아하기 때문에 이런 사람들을 좋아합니다. 제 생각에, 말하기 좋은 사람과 친구가 되는 것이 더 쉽습니다.

🔑 Key Expressions

In my opinion,	내 생각에는,
it's easier to + 동사	~하는 것은 더 쉽다
become friends with ~	~와 친구가 되다

 주격 관계대명사 who에 이어지는 동사는 선행사에 수 일치를 시켜야 한다.
- ⭕ I like people who **are** friendly. 나는 상냥한 사람들을 좋아한다.
- ❌ I like people who **is** friendly.

핵심표현 다지기 B

원어민의 음성을 듣고 빈 칸을 채운 후 나만의 답변을 완성해 보세요. 🎧 SPA09_B

SAMPLE ANSWER 1

The first thing I notice about a person is the appearance. I always notice tall people _____ when I enter a room. I also notice a person's eyes. I usually like people who have _____ eyes. I think bright eyes _____ a good impression.

☝ **Pronunciation Tips**
- appearance [ə|pɪrəns]
- notice [|noʊtɪs]
- impression [ɪm|preʃn]

MY ANSWER 1

SAMPLE ANSWER 2

I usually notice a person's personality first. I like people who are friendly and outgoing. I like people like this because I am talkative. _____ opinion, it's _____ to become friends _____ people who are nice to talk to.

☝ **Pronunciation Tips**
- personality [|pɜrsə|næləti]
- friendly [|frendli]
- outgoing [|aʊtɡoʊɪŋ]
- talkative [|tɔːkətɪv]
- become [bɪ|kʌm]

MY ANSWER 2

Expression Checkup

1. He is a man who _____ very confident. 그는 매우 자신감 있는 남자이다.

2. I want to make a good first impression _____ him. 나는 그에게 좋은 첫인상을 남기고 싶다.

핵심 표현 사전

인물 묘사

He is so stubborn.	그는 굉장히 고집이 셉니다.
All my friends are talented in one way or another.	제 친구들은 어떤 식으로든지 다 재능이 있습니다.
We are lifelong friends.	우리는 평생 친구입니다.
She is qualified as a manager.	그녀는 매니저 자격이 있습니다.
He is one of the bravest man of arms in history.	그는 역사에서 가장 용감했던 전사입니다.
He handles work without flaw.	그는 일사불란하게 일을 처리합니다.
They clearly define the problem.	그들은 문제를 명확하게 파악합니다.
I admire the Great King Sejong for his invention of Hangeul.	나는 한글 창제로 세종대왕을 존경합니다.
Empress Myeongseong made history.	명성황후는 역사에 남을 일을 했습니다.
My father is whom I admire the most.	저희 아빠는 제가 가장 존경하는 사람입니다.

UNIT 10 My Country

외국인에게 우리 나라에 대해 소개하는 주제입니다. 우리의 전통과 문화에 대해 쉽게 설명할 수 있도록 준비하고, 대표적인 장소와 관련된 이야기는 원어민이 이해할 수 있도록 설명하는 것이 중요합니다.

🎓 질문 유형 파악하기

Which is the most interesting city to visit in your country? 당신 나라에서 방문하기에 가장 흥미로운 도시는 어디입니까?

On what holiday do Koreans eat a lot of food? Please talk about this holiday.
어떤 명절에 한국인들은 음식을 많이 먹습니까? 그 명절에 대해 이야기해 보세요.

What are you most proud of about Korean culture? Please explain.
당신이 한국 문화에 대해 가장 자랑스러워하는 것은 무엇인가요? 설명해 보세요.

How would you introduce your country to a foreigner? 외국인에게 당신 나라에 대해 어떻게 소개하시겠어요?

What is the most famous landmark in your country? 당신 나라에서 가장 유명한 랜드마크는 무엇입니까?

If you could change one thing about Korean culture, what would it be?
만약 당신이 한국 문화에 대해 한 가지를 바꿀 수 있다면 그것은 무엇이겠습니까?

When is the best time to visit your country? Please provide reasons.
당신 나라는 언제 가는 것이 가장 좋습니까? 그 이유를 이야기해 보세요.

In your opinion, which is the most important national holiday in your country?
당신 나라에서 가장 중요한 국경일은 무엇입니까?

In general, how would you describe the quality of customer service in Korea?
일반적으로 한국의 고객 서비스 질을 어떻게 설명하시겠습니까?

🎓 관련 어휘 파악하기

city [ˈsɪti]	도시	famous [ˈfeɪməs]	유명한
country [ˈkʌntri]	나라	landmark [ˈlændmɑːrk]	주요 지형물
holiday [ˈhɑːlədeɪ]	휴가, 휴일	national [ˈnæʃnəl]	국가의
proud [praʊd]	자랑스러운	important [ɪmˈpɔːrtnt]	중요한
culture [ˈkʌltʃə(r)]	문화	quality [ˈkwɑːləti]	질
introduce [ˌɪntrəˈduːs]	소개하다	customer [ˈkʌstəmə(r)]	손님, 고객
foreigner [ˈfɔːrənə(r)]	외국인	service [ˈsɜːrvɪs]	서비스

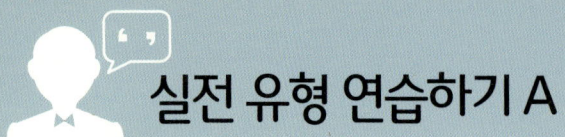

실전 유형 연습하기 A

Q1 Which is the most interesting city to visit in your country?
당신 나라에서 방문하기에 가장 흥미로운 도시는 어디입니까?

SAMPLE ANSWER 1

Busan city is the most interesting city in Korea. It takes about three hours by express train from Seoul to get there. Busan is a port city, and it's the second largest. There are mountains, rivers, and the sea. Haeundae is the most famous beach there.

express train 급행 열차
port city 항구 도시

부산은 한국에서 가장 흥미로운 도시입니다. 거기에 가려면 서울에서 급행 열차를 타고 약 3시간이 걸립니다. 부산은 항구 도시이며 한국에서 두 번째로 큽니다. 산, 강, 그리고 바다가 있습니다. 해운대는 거기에서 가장 유명한 해변입니다.

🔑 Key Expressions

the most interesting + 명사	가장 흥미로운 ~
It takes + 시간	시간이 ~ 걸리다
the second + 최상급	두 번째로 ~한

 Tips

be interested in (~에 관심이 있는) vs. be interesting (흥미로운)
- ⭕ I **am interested in** that book. 나는 그 책에 관심이 있다.
- ⭕ That book **is interesting**. 그 책은 흥미롭다.
- ❌ I **m interesting** that book.

SAMPLE ANSWER 2

As for me, Seoul is the most exciting city in my country. If you like shopping, Seoul is the best place. There are hundreds of stores for clothes, bags, and other accessories. Korean low-end cosmetics today are becoming very popular.

exciting 흥미진진한
accessories 액세서리
cosmetics 화장품

저에게는 서울이 우리 나라에서 가장 흥미진진한 도시입니다. 만약 당신이 쇼핑을 좋아한다면, 서울은 최고의 장소입니다. 수백 개의 옷, 가방 그리고 액세서리 가게가 있습니다. 요즘은 한국의 저가 화장품이 매우 인기를 끌고 있습니다.

🔑 Key Expressions

As for me,	저에게는,
hundreds of + 명사	수백의 ~
low-end	저가의, 값이 싼

 Tips

today / these days / nowadays (요즘)
- ⭕ Children **today** learn from the computer. 요즘 어린이들은 컴퓨터로 배운다.
- ⭕ Children **these days** learn from the computer.
- ⭕ Children **nowadays** learn from the computer.

핵심표현 다지기 A

원어민의 음성을 듣고 빈 칸을 채운 후 나만의 답변을 완성해 보세요. 🎧 SPA10_A

SAMPLE ANSWER 1

Busan city is the most _____ city in Korea. _____ about three hours by express train from Seoul to get there. Busan is a port city, and it's the _____ largest. There are mountains, rivers, and the sea. Haeundae is the most famous beach there.

👆 **Pronunciation Tips**
- express [ɪkˈspres] • train [treɪn] • Seoul [sóul] • port [pɔːrt] • largest [ˈlɑːrdʒest]
- mountain [ˈmaʊntn] • river [ˈrɪvə(r)]

MY ANSWER 1

SAMPLE ANSWER 2

As _____, Seoul is the most exciting city in my country. If you like shopping, Seoul is the best place. There are _____ stores for clothes, bags, and other accessories. Korean _____ cosmetics today are becoming very popular.

👆 **Pronunciation Tips**
- place [pleɪs] • there [ðer] • clothes [kloʊðz] • accessories [əkˈsesəriz] • cosmetics [kɑːzˈmetɪks]

MY ANSWER 2

Expression Checkup

1. The movie was _____. 그 영화는 흥미로웠다.

2. Many people _____ suffer from chronic back pain. 요즘 많은 사람들이 만성 요통에 시달린다.

❶ interesting ❷ today/these days/nowadays

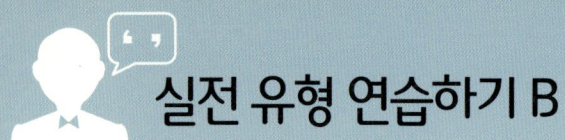

실전 유형 연습하기 B

Q2 On what holiday do Koreans eat a lot of food? Please talk about this holiday. 어떤 명절에 한국인들은 음식을 많이 먹습니까? 그 명절에 대해 이야기해 보세요.

SAMPLE ANSWER 1

We eat a lot of food on New Year's Day. Korean traditional food for New Year's Day is tteokguk. It's soup cooked with rice cake. As the old saying goes, we get one year older for one bowl of tteokguk.

| traditional 전통의 |
| rice cake 떡 |
| bowl 그릇 |

우리는 새해 첫날에 많은 음식을 먹습니다. 새해 첫날을 위한 한국의 전통 음식은 떡국입니다. 그것은 떡으로 요리된 수프입니다. 옛말에, 우리는 떡국 한 그릇을 먹으면 한 살을 더 먹는다고 합니다.

🔑 Key Expressions

food cooked with ~	~로 요리된 음식
As the old saying goes,	옛말에, 속담에 따르면
get one year older	한 살 더 먹다

특정한 날 앞에 전치사 on

- ⭕ We visit family member's grave **on** New Year's day. 우리는 새해 첫날에 성묘하러 간다.
- ❌ We visit family member's grave **in** New Year's day.

SAMPLE ANSWER 2

We make many foods for Chuseok. Chuseok is similar to Thanksgiving Day in the United States. We have ceremonies and pay respect to our ancestors. Songpyun is a traditional food. It's a rice cake in bite size. We usually sit around with family and make Songpyun together.

| Thanksgiving Day 추수감사절 |
| have ceremonies 차례를 지내다 |
| pay respect 경의를 표하다 |

우리는 추석에 많은 음식들을 만듭니다. 추석은 미국의 추수감사절과 비슷합니다. 우리는 차례를 지내고 조상님을 기립니다. 송편은 전통 음식입니다. 그것은 한입 크기의 떡입니다. 우리는 주로 가족과 둘러앉아 송편을 함께 만듭니다.

🔑 Key Expressions

similar to ~	~와 비슷한
pay respect to ancestors	조상을 기리다
in bite size	한입 크기로
sit around	~에 둘러앉다

similar to (~와 비슷한) / similar with (x)

- ⭕ Wolves are **similar to** dogs. 늑대들은 개와 비슷하다.
- ❌ Wolves are **similar with** dogs.

핵심표현 다지기 B

원어민의 음성을 듣고 빈 칸을 채운 후 나만의 답변을 완성해 보세요. 🎧 SPA10_B

SAMPLE ANSWER 1

We eat a lot of food on New Year's Day. Korean traditional food for New Year's Day is tteokguk. It's soup _____ rice cake. As the old saying _____, we get one year _____ for one bowl of tteokguk.

👉 **Pronunciation Tips**
- a lot of [əlɑːtʌv] • traditional [trədɪʃənl] • soup [suːp] • rice cake [raɪs keɪk]
- old [oʊld] • saying [ˈseɪɪŋ] • bowl [boʊl]

MY ANSWER 1

SAMPLE ANSWER 2

We make many foods for Chuseok. Chuseok is _____ Thanksgiving Day in the United States. We have ceremonies and pay _____ to our ancestors. Songpyun is a traditional food. It's a rice cake in _____ size. We usually _____ with family and make Songpyun together.

👉 **Pronunciation Tips**
- foods [fuːdz] • Thanksgiving [ˈθæŋksɡɪvɪŋ] • ceremonies [ˈserəmoʊniz] • ancestors [ˈænsestərz]

MY ANSWER 2

Expression Checkup

1. He gave her a ring _____ Christmas. 그는 크리스마스에 그녀에게 반지를 주었다.

2. My mother cut a watermelon in _____ size pieces. 우리 엄마는 수박을 한입 크기로 잘랐다.

정답 ❶ on ❷ bite

UNIT 10 **My Country** 77

핵심 표현 사전

전통 / 관습 관련

It is traditional way to prepare meals.	그것은 음식을 준비하는 전통 방식입니다.
Hanbok is traditional clothing of Korea.	한복은 한국의 전통 의상입니다.
We pull out the weeds around the grave site.	저희는 벌초를 합니다.
We make a deep bow to grandparents.	저희는 조부모님께 큰절을 올립니다.
It is a custom handed down to us from our ancestors.	그것은 조상님으로부터 저희에게 전해져 내려온 관습입니다.
People prepare the ritual foods.	사람들이 제사 음식을 준비합니다.
We should not use any spices and garlic for the ritual foods.	제사 음식에 어떤 향신료나 마늘도 사용해서는 안 됩니다.
In Korea, we have four seasons.	한국에는 사계절이 있습니다.

UNIT 11	Entertainment
UNIT 12	Communication
UNIT 13	Free Time Activity
UNIT 14	Technology I
UNIT 15	Technology II
UNIT 16	Health
UNIT 17	Environment
UNIT 18	Work / Job I
UNIT 19	Work / Job II
UNIT 20	My Country

CHAPTER 2 Opinion Questions

🎓 개요

Opinion Questions은 사회 전반에 걸친 이슈들에 나의 의견을 묻는 질문들입니다. 개인 질문은 나의 경험을 토대로 말을 할 수 있는 반면, 의견 문제들은 상식과 생각을 기반으로 답변해야 합니다.

🎓 고득점 전략

의견 문제는 사회 전반에 걸친 사회적 이슈 및 상식 관련 문제라고 생각하면 됩니다. 한 가지 주제를 깊이 있게 아는 것보다 폭넓은 주제를 많이 접하며 많은 어휘를 습득해야 합니다. 최근 이슈가 되고 있는 스마트폰 관련 내용이 단골 질문 주제이며, 환경 문제로 우리가 항상 접하는 이슈들이 출제됩니다. Personal Questions에서 쉽게 문장을 만드는 유창성 연습을 했다면, 이 챕터에서는 다양한 주제를 통해 핵심 표현과 단어의 폭을 넓히는 것이 고득점 전략입니다.

내 의견을 말하는 것보다 "잘 말할 수 있는 내용"을 말하는 것이 중요!

UNIT 11 Entertainment

연예, 오락 등 우리가 스트레스 해소 또는 취미로 즐기는 모든 것들에 걸친 사회적 영향과 이슈에 대한 질문 주제입니다.

🎓 질문 유형 파악하기

In some countries, street graffiti is considered as art. Do you agree or disagree that street graffiti is art? 어떤 나라에서는 길거리 낙서가 예술로 간주됩니다. 길거리 낙서가 예술이라는 것에 동의하나요, 반대하나요?

Based on your personal taste, do you think music is getting better or worse?
개인적인 취향에서 볼 때, 음악이 나아지고 있나요, 나빠지고 있나요?

Where do you prefer to get news from: newspaper, Internet, TV, or radio?
신문, 인터넷, TV, 라디오 중 어디에서 뉴스를 듣는 것을 선호하나요?

What are your views on the popularity of "pop idol" in Korea?
한국의 '팝 아이돌' 인기에 대한 당신의 견해는 무엇입니까?

Many songs are about love. What do you think is the reason for that?
많은 노래들이 사랑에 대한 것입니다. 그 이유는 무엇이라고 생각하나요?

Talk about your opinion on the contents of TV nowadays. 요즘 TV 내용에 대한 당신의 의견을 말씀해 주세요.

In your opinion, how effective do you think advertising is? 당신 생각에, 광고가 얼마나 효과적이라고 생각하나요?

What was the most popular movie in the last six months in your country? Why do you think the movie was so popular?
당신 나라에서 지난 6개월 동안 가장 인기 있었던 영화는 무엇이었나요? 왜 그 영화가 가장 인기 있었다고 생각하나요?

There are animals performing or acting on TV and in circuses. What do you think of the animals used for entertainment?
TV나 서커스에서 공연하거나 연기하는 동물들이 있습니다. 오락을 위해 이용되는 이런 동물들에 대해 어떻게 생각하나요?

🎓 관련 어휘 파악하기

graffiti [grə|fi:ti]	낙서	**popularity** [|pɑ:pju|lærəti]	인기가수
personal taste [|pɜ:rsənl teɪst]	개인 취향	**pop idol** [pɑ:p |aɪdl]	팝 아이돌
music [|mju:zɪk]	음악	**content** [|kɑ:ntent]	내용물
get better [worse]	좋아지다[나빠지다]	**advertising** [|ædvərtaɪzɪŋ]	광고, 광고업
genre [|ʒɑ:nrə]	장르	**perform** [pər|fɔ:rm]	공연하다
first date [fɜ:rst deɪt]	첫 번째 데이트	**circus** [|sɜ:rkəs]	서커스
newspaper [|nu:zpeɪpə(r)]	신문	**entertainment** [|entər|teɪnmənt]	오락

실전 유형 연습하기 A

Q1 In some countries, street graffiti is considered as art. Do you agree or disagree that street graffiti is art?
어떤 나라에서는 길거리 낙서가 예술로 간주됩니다. 길거리 낙서가 예술이라는 데에 동의하나요, 반대하나요?

SAMPLE ANSWER 1

I agree that street graffiti is art. Art is what is beautiful and appealing. Graffiti makes cities look more vibrant and beautiful. There is a lot of graffiti on walls, outside buildings, and on bridges. A concrete wall would be just boring.

graffiti 그래피티, 낙서
appealing 흥미로운
vibrant 활기찬
concrete 콘크리트

저는 길거리 낙서가 예술이라는 것에 동의합니다. 예술은 아름답고 흥미로운 것입니다. 길거리 낙서는 도시들을 더욱 활기차고 아름답게 보이도록 해줍니다. 벽과 건물 외부, 다리에 많은 길거리 낙서가 있습니다. 콘크리트 벽은 그냥 따분하기만 합니다.

🔑 Key Expressions

| what is beautiful | 아름다운 것 |
| make A look B | A를 B처럼 보이게 하다 |

There is[are] + a lot of + 명사 → be동사는 명사의 가산/불가산 여부에 맞춘다.
- There **is** a lot of **water**. 물이 많이 있다. 〈water는 불가산 명사이므로 is를 쓴다〉
- There **are** a lot of **books**. 책이 많이 있다. 〈books는 가산 명사이므로 are를 쓴다〉

SAMPLE ANSWER 2

I don't consider street graffiti as art. It is illegal and shouldn't be done. Doing something illegal should not be called artistic and beautiful in any way, shape or form. It is wrong. Actually, it is vandalism and destruction of other people's property.

artistic 예술적인
vandalism 공공기물 파손 행위
destruction 파손
property 재산, 부동산

저는 길거리 낙서가 예술이라고 생각하지 않습니다. 그것은 불법이며 해서는 안 됩니다. 불법적인 것을 하는 것은 어떤 형태나 방식으로든 예술적이거나 아름답다고 불리면 안 됩니다. 이것은 옳지 않습니다. 사실, 이것은 공공기물 파손 행동이며 다른 사람들의 재산을 파손하는 것입니다.

🔑 Key Expressions

It is illegal (to)~	(~하는 것은) 불법이다
be called A	A라고 불리다
in any way	어떤 식으로든

something + 형용사 (무언가 ~한 것): 형용사는 반드시 something 뒤에 와야 한다.
- ⭕ I want something **special**. 나는 특별한 무언가를 원한다.
- ❌ I want **special** something.

핵심표현 다지기 A

원어민의 음성을 듣고 빈 칸을 채운 후 나만의 답변을 완성해 보세요. 🎧 SPA11_A

SAMPLE ANSWER 1

I agree that street graffiti is art. Art is _____ beautiful and appealing. Graffiti _____ cities _____ vibrant and beautiful. _____ graffiti on walls, outside buildings, and on bridges. A concrete wall would be just boring.

👆 **Pronunciation Tips**
- graffiti [grəˈfiːti]   • appealing [əˈpiːlɪŋ]   • vibrant [ˈvaɪbrənt]   • wall [wɔːl]   • building [ˈbɪldɪŋ]
- bridge [brɪdʒ]   • concrete [ˈkɑːŋkriːt]   • boring [ˈbɔːrɪŋ]

MY ANSWER 1

SAMPLE ANSWER 2

I don't consider street graffiti as art. It is _____ and shouldn't be done. Doing something illegal should not _____ artistic and beautiful _____, shape or form. It is wrong. Actually, it is vandalism and destruction of other people's property.

👆 **Pronunciation Tips**
- something [ˈsʌmθɪŋ]   • illegal [ɪˈliːgl]   • artistic [ɑːrˈtɪstɪk]   • shape [ʃeɪp]   • form [fɔːrm]
- vandalism [ˈvændəlɪzəm]   • destruction [dɪˈstrʌkʃn]   • property [ˈprɑːpərti]

MY ANSWER 2

Expression Checkup

1. There is _____ _____ about her. 그녀에게는 무언가 이상한 점이 있다.

2. _____ _____ a lot of money in the box. 상자에 많은 돈이 있다.

❶ something strange ❷ There is

UNIT 11 Entertainment

실전 유형 연습하기 B

Q2 Based on your personal taste, do you think music is getting better or worse?
개인적인 취향에서 볼 때, 음악이 나아지고 있나요, 나빠지고 있나요?

SAMPLE ANSWER 1

I think music is getting better. There are more genres of music compared to the past. Through the development of the Internet, we have easier access to different kinds of music. Also, we can share music from different cultures. So, these different genres are evolving into new genres.

- **genre** 장르
- **compare** 비교하다
- **development** 발달
- **access** 접속, 접근
- **share** 공유하다
- **evolve** 진화하다

저는 음악이 점점 더 좋아지고 있다고 생각합니다. 과거와 비교해서 더 많은 음악 장르가 있습니다. 인터넷의 발달을 통해서 우리는 다양한 종류의 음악을 더 쉽게 접할 수 있습니다. 또한 우리는 다른 문화의 음악을 공유할 수 있습니다. 그래서 이러한 다양한 장르들은 새로운 장르로 진화합니다.

🔑 Key Expressions

compared to ~	~와 비교하여
have easier access to ~	~에 더 손쉽게 접근할 수 있다
different kinds of ~	다양한

Tips — compare A to B (A를 B에 비교하다)
- How can you **compare** him **to** her? 너는 어떻게 그를 그녀와 비교할 수 있니?
- Some people **compare** him **to** Steve Jobs. 몇몇 사람들은 그를 스티브 잡스와 비유한다.

SAMPLE ANSWER 2

I think music is getting worse. Many songs today are over-stimulated with words and sounds. The trend of music is changing fast, so it's harder to find music with great depth. Modern songs sound much louder, so it sometimes hurts my ears when listening to them for too long.

- **trend** 추세, 동향
- **harder** 더 어려운
- **depth** 깊이
- **modern** 현대의, 요즘의
- **hurt** 아프게 하다

저는 음악이 점점 나빠지고 있다고 생각합니다. 요즘 많은 음악들은 단어와 소리가 지나치게 자극적입니다. 음악의 트렌드가 빨리 변하고 있습니다. 그래서 깊이 있는 음악을 찾기가 더 어려워졌습니다. 현대 노래들은 훨씬 시끄러워서 때때로 너무 오래 듣고 있으면 귀가 아픕니다.

🔑 Key Expressions

The trend of A	A의 추세, 트렌드
hurts one's ears	~의 귀를 아프게 하다
for too long	너무 오랫동안

Tips — hurt (아프다; 다치다; 다치게 하다) : hurt는 현재형과 과거형이 동일
- My legs **hurt**. 다리가 아프다. 〈현재〉
- I **hurt** my legs. 나는 다리를 다쳤다. 〈과거〉
- He **hurt** me. 그는 나에게 상처를 줬다. 〈과거〉

핵심표현 다지기 B

원어민의 음성을 듣고 빈 칸을 채운 후 나만의 답변을 완성해 보세요. 🎧 SPA11_B

SAMPLE ANSWER 1

I think music is getting better. There are more genres of music _____ the past. Through the development of the Internet, we have easier _____ different _____ music. Also, we can share music from different cultures. So, these different genres are evolving into new genres.

👆 **Pronunciation Tips**
- genre [ˈʒɑːnrə] • development [dɪˈveləpmənt] • evolve [iˈvɑːlv]

MY ANSWER 1

SAMPLE ANSWER 2

I think music is getting worse. Many songs today are over-stimulated with words and sounds. _____ music is changing fast, so it's harder to find music with great depth. Modern songs sound much louder, so it sometimes _____ my ears when listening to them _____.

👆 **Pronunciation Tips**
- stimulated [ˈstɪmjuleɪtɪd] • depth [depθ] • modern [ˈmɑːdərn] • louder [laʊdɜːr]

MY ANSWER 2

Expression Checkup

1. He is smarter _____ to his brother. 그는 그의 형에 비해 똑똑하다.

2. He _____ his back. 그는 허리를 다쳤다.

① compared ② hurt

UNIT 11 Entertainment **85**

핵심 표현 사전

연예 / 오락

One man's music is another man's noise.	어떤 사람에게는 음악이지만 다른 사람에게는 소음이다.
People enjoy music in concert halls.	사람들이 콘서트 홀에서 음악을 즐긴다.
The slow ballads are the current trend of music.	느린 발라드 곡이 현재 음악 트렌드이다.
The younger generation does not enjoy trot music.	젊은 세대들은 트로트 음악을 즐기지 않는다.
It creates entertainment.	그것은 재미를 만든다.
The Internet is often used for entertainment.	인터넷은 오락을 위해 자주 사용된다.
The song came in at No.1 in the K-pop chart.	그 노래는 K-pop 차트에서 1위를 차지했다.
We tend to receive TV contents passively.	우리는 TV 내용을 수동적으로 받아들이는 경향이 있다.
People can savor various content through TV programs.	사람들은 TV프로그램을 통해 다양한 내용을 즐길 수 있다.
We are often exposed to false advertising.	우리는 허위 광고에 자주 노출된다.

UNIT 12 Communication

스마트폰의 발전으로 현대인들의 의사소통은 불과 10년 전과 매우 달라졌습니다. 이 주제에서는 메신저 서비스, 문자 메시지 그리고 SNS에 관한 다양한 질문이 출제되며, 이에 따른 긍정적인 사회적 영향이나 부정적인 측면까지 질문합니다.

🎓 질문 유형 파악하기

How have smartphones changed the way people communicate?
스마트폰이 사람들의 의사소통 방식을 어떻게 변화시켰나요?

Do you think there is an SNS addiction among the youth of today? Why or why not?
요즘 젊은이들 사이에 SNS 중독이 있다고 생각하나요? 그 이유는 무엇인가요?

Please tell me about a positive[negative] effect of texting.
문자 메시지의 긍정적인[부정적인] 효과에 대해 말씀해 주세요.

Apart from telephone calls and texting, what do you use your cellphone for?
전화 통화와 문자 메시지를 제외하고, 어떤 용도로 휴대폰을 이용하나요?

Do you think smartphones increase or decrease productivity?
스마트폰이 생산성을 높인다고 생각하나요, 떨어뜨린다고 생각하나요?

How do you think SNS affects people's social networking?
SNS가 사람들의 사회적인 네트워크에 영향을 미친다는 것에 대해 어떻게 생각하나요?

Please tell me about several advantages of using instant messaging.
메신저 사용의 이점들에 대해 말씀해 주세요.

🎓 관련 어휘 파악하기

communicate [kəˈmjuːnɪkeɪt]	의사소통하다	**decrease** [dɪˈkriːs]	감소하다
addiction [əˈdɪkʃn]	중독	**productivity** [ˌprɑːdʌkˈtɪvəti]	생산성
positive [ˈpɑːzətɪv]	긍정적인	**several** [ˈsevrəl]	몇몇의
negative [ˈneɡətɪv]	부정적인	**advantage** [ədˈvæntɪdʒ]	이점
texting [ˈtekstɪŋ]	문자 주고받기	**instant messaging** [ˌprɑːdʌkˈtɪvəti]	메신저
cellphone [ˈselfoʊn]	휴대폰		

* **SNS(Social Network Service):** 온라인 상에서 여러 사람과 관계를 맺을 수 있는 서비스

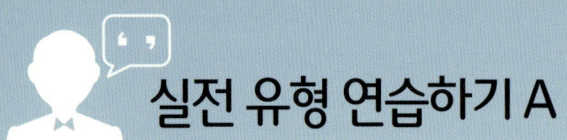

실전 유형 연습하기 A

Q1 How have smartphones changed the way people communicate?
스마트폰이 사람들의 의사소통 방식을 어떻게 변화시켰나요?

SAMPLE ANSWER 1

Smartphone users talk more often through texts than in person or on the phone. Instant messages are sent more quickly than text messages. Also, people can enjoy group chats using their smartphones. What is better is that it became much easier to talk to friends in other countries.

- user 사용자
- text 문자 메시지
- instant messages 인스턴트 메시지
- group chat 그룹 채팅

스마트폰 사용자들은 직접 또는 통화하는 것보다 문자로 더 자주 이야기합니다. 메신저는 문자보다 더 빠릅니다. 또한 사람들은 스마트폰을 사용해서 그룹 채팅을 할 수 있습니다. 더 좋은 것은 다른 나라에 있는 친구들과 훨씬 더 쉽게 이야기할 수 있다는 것입니다.

🔑 Key Expressions
in person	직접
on the phone	전화[통화]로
What is better ~	더 좋은 것은, 금상첨화로

 Tips

on the phone (전화로 / 통화 중인)
- I am **on the phone**. 나는 통화 중이다.
- We should talk about this **on the phone**. 우리는 이것에 대해 전화로 이야기해야 한다.

SAMPLE ANSWER 2

Many people today seem like they cannot live without checking their phones for more than an hour. They check their phones in bed, during meals and even while driving. I think some people are more familiar with communicating via smartphone than in person.

- seem like ~처럼 보인다
- check 확인하다
- meal 식사

요즘 많은 사람들은 그들의 전화를 한 시간 이상 확인하지 않고는 살 수 없는 것처럼 보입니다. 그들은 침대에서, 식탁에서, 심지어 운전하는 동안에도 전화를 확인합니다. 제 생각에 몇몇 사람들은 직접 말하는 것보다 스마트폰으로 소통하는 것에 더 익숙한 것 같습니다.

🔑 Key Expressions
while driving	운전하면서
be familiar with ~	~에 익숙하다
via smartphone	스마트폰을 통해

 Tips

주절 주어와 종속절 주어가 일치할 때 while 다음의 〈주어+be동사〉는 생략 가능!
- She answered the phone while (**she** was) watching TV. 그녀는 TV를 보는 동안 전화를 받았다. 〈주어 일치〉
- She answered the phone while **he** was watching TV. 그녀는 그가 TV를 보는 동안 전화를 받았다. 〈주어 불일치〉
  → 주절과 종속절의 주어가 다르므로 he was는 생략 불가

핵심표현 다지기 A

원어민의 음성을 듣고 빈 칸을 채운 후 나만의 답변을 완성해 보세요. 🎧 SPA12_A

SAMPLE ANSWER 1

Smartphone users talk more often through texts than _____ or _____. Instant messages are sent more quickly than text messages. Also, people can enjoy group chats using their smartphones. _____ is that it became much easier to talk to friends in other countries.

👆 **Pronunciation Tips**
- through [θruː]
- instant [ˈɪnstənt]
- quickly [ˈkwɪkli]
- message [ˈmesɪdʒ]
- chat [tʃæt]

MY ANSWER 1

SAMPLE ANSWER 2

Many people today seem like they cannot live _____ checking their phones for more than an hour. They check their phones in bed, during meals and even _____. I think some people are more _____ communicating _____ smartphone than in person.

👆 **Pronunciation Tips**
- cannot [ˈkænɑːt]
- phone [foʊn]
- during [ˈdʊrɪŋ]
- meal [miːl]
- person [ˈpɜːrsn]

MY ANSWER 2

Expression Checkup

1. We should talk to them _____ _____. 우리는 그들에게 직접 이야기해야 한다.

2. He is not _____ _____ the place. 그는 그 장소에 익숙하지 않다. (지리를 잘 모른다.)

❶ in person ❷ familiar with

UNIT 12 Communication

실전 유형 연습하기 B

Q2 Do you think there is an SNS addiction among the youth of today? Why or why not? 요즈음 젊은이들 사이에 SNS 중독이 있다고 생각하나요? 그 이유는 무엇인가요?

SAMPLE ANSWER 1

Yes. Teenagers today are constantly on social networking sites via smartphone. They repeatedly check on sites if they have new notifications or posts. Many of them spend hours every day exploring the content posted on these social media websites.

constantly	끊임없이
repeatedly	되풀이하여
notification	알림
post	포스팅; 게시하다
explore	탐사/답사하다
content	내용

네, 요즘 십대들은 스마트폰으로 끊임없이 소셜 네트워크 사이트에 접속해 있습니다. 그들은 새로운 알림이나 포스팅이 있는지 없는지 반복적으로 확인합니다. 그들 중 많은 이들은 이러한 SNS에 게재된 내용을 보느라 몇 시간을 허비합니다.

Key Expressions

on social networking sites	소셜 네트워크 사이트에서
check on sites	사이트를 확인하다
spend hours	몇 시간씩 보내다

Tips '접속'을 나타내는 전치사 on
- I am **on** the Internet. 나는 인터넷에 접속 중이다.
- I am **on** social networking sites. 나는 소셜 네트워크 사이트에 접속 중이다.

SAMPLE ANSWER 2

No, I don't think students are addicted to SNS. Social media is created to connect with people. It is a perfect place to share information. Also, you can quickly get responses to your opinions. I don't think it's an addiction but socialization.

addiction	중독
socialization	사회화

아니요, 저는 학생들이 SNS에 중독되었다고 생각하지 않습니다. 소셜 미디어는 사람들이 교류할 수 있도록 하기 위해 만들어졌습니다. 소셜 사이트는 정보를 공유하기에 완벽한 곳입니다. 또한 당신은 의견에 답변을 빨리 받을 수 있습니다. 저는 이것은 중독이 아니라 사회화라고 생각합니다.

Key Expressions

connect with people	사람들과 교류하다, 유대관계를 만들다
share information	정보를 공유하다
response to opinions	의견에 대한 답변(반응)

Tips
connect A with B (B를 A에게 소개해 주다 / 관계를 맺어 주다)
connect A to B (A를 B에게 연결해 주다 / 전화를 바꾸어 주다)
- He can **connect** you **with** his boss. 그는 당신을 그의 상사에게 소개시켜 줄 수 있다.
- He can **connect** you **to** his boss. 그는 당신을 그의 상사에게 (전화상으로) 연결해 줄 수 있다.

핵심표현 다지기 B

원어민의 음성을 듣고 빈 칸을 채운 후 나만의 답변을 완성해 보세요. 🎧 SPA12_B

SAMPLE ANSWER 1

Yes. Teenagers today are constantly _____ networking sites via smartphone. They repeatedly check _____ if they have new notifications or posts. Many of them _____ every day exploring the content posted on these social media websites.

☞ **Pronunciation Tips**
- constantly [|kɑ:nstəntli] • repeatedly [ripí:tidli] • notification [|noutɪfɪ|keɪʃn] • explore [ɪk|splɔ:(r)]
- content [|kɑ:ntent]

MY ANSWER 1

SAMPLE ANSWER 2

No, I don't think students are addicted to SNS. Social media is created to _____ people. It is a perfect place to _____ information. Also, you can quickly get _____ your opinions. I don't think it's an addiction but socialization.

☞ **Pronunciation Tips**
- addicted [ə|dɪktɪd] • social [|souʃl] • perfect [|pɜ:rfɪkt] • opinion [ə|pɪnjən]
- addiction [ə|dɪkʃn] • socialization [|souʃələ|zeɪʃn]

MY ANSWER 2

Expression Checkup

1. I bought this book _____ the Internet. 나는 이 책을 인터넷에서 샀다.

2. There are many ways to _____ _____ your friends. 당신 친구들과 연락할 많은 방법들이 있다.

① on ② connect with

핵심 표현 사전

소통

Children are obsessed with games on smartphones.	어린이들이 스마트폰 게임에 중독되어 있다.
Most people now have a smartphone.	요즘 대부분의 사람들은 스마트폰을 가지고 있다.
People should not share personal information in instant messages.	사람들은 메신저로 개인정보를 공유하면 안 된다.
SNS enables people to keep in contact with each other.	SNS는 사람들이 서로와 연락을 유지할 수 있도록 해준다.
Checking text messages while driving should be banned.	운전하는 동안 문자메시지 확인하는 것은 금지해야 한다.
People should consider the place and time while using their smartphones.	사람들은 스마트폰을 사용할 때 장소와 시간을 고려해야 한다.
Many people enjoy socializing online.	많은 사람들이 인터넷으로 사람들과 어울리는 것을 즐긴다.
Social networking users connect with the world through the thoughts and views shared on the site.	소셜 네트워크를 사용하는 사람들은 사이트에서의 생각과 관점을 통해 세계와 연결된다.
You can use smartphone applications to do many things.	당신은 많은 것을 하기 위해 스마트폰 앱을 사용할 수 있다.
People can talk with only a few words using instant messaging.	사람들은 메신저 서비스를 이용해 몇 단어만으로도 이야기 할 수 있다.

UNIT 13 Free Time Activity

사회가 발전하면서 일 뿐만 아니라 여가, 취미에 대한 관심도 높아졌습니다. 독서, 영화, 게임 등의 흔한 주제를 비롯해 휴식과 여행에 대한 주제도 함께 공부해 두어야 합니다.

🎓 질문 유형 파악하기

In your opinion, what is the most worthwhile thing a person can do in their free time?
당신 생각에 여가시간에 할 수 있는 가장 가치 있는 일은 무엇입니까?

Do you think people these days read as much as their parents' generation? Why or why not?
요즘 사람들이 부모 세대들처럼 독서를 많이 한다고 생각하나요? 그렇게 생각하는 이유는 무엇인가요?

Is "doing nothing" a good use of time? Please explain in detail.
아무 것도 하지 않는 것은 시간을 잘 활용하는 것입니까? 자세히 설명해 보세요.

Do you think children today spend too much time on their computer?
오늘날 어린이들이 너무 많은 시간을 컴퓨터에 허비한다고 생각하나요?

How long is your lunch hour at work? Do you think it is enough? Why or why not?
직장에서 점심시간은 얼마나 됩니까? 그 정도면 충분하다고 생각하나요? 그렇게 생각하는 이유는 무엇인가요?

Do people in your country go camping a lot? What is your view on camping?
당신 나라에서는 캠핑을 많이 합니까? 캠핑에 대한 당신의 견해는 어떻습니까?

What do you think is the most popular hobby for office workers?
사무직 근로자에게 가장 인기 있는 취미는 무엇이라고 생각하나요?

Do you think people have enough free time after work? 사람들이 퇴근 후에 충분한 여가시간을 갖는다고 생각하나요?

Do you agree that vacation increases people's productivity? 휴가가 사람들의 생산성을 높인다는 것에 동의하시나요?

Breaks and vacations preserve our attention for later. Do you agree or disagree with this statement? 쉬는 시간이나 휴가로 인해 추후 저희의 집중력이 유지됩니다. 이에 동의하시나요, 반대하시나요?

🎓 관련 어휘 파악하기

worthwhile [|w3:rθ|waɪl]	~할 가치 있는	**hobby** [|hɑːbi]	취미
free time [friː taɪm]	자유시간	**vacation** [və|keɪʃn]	방학, 휴가
generation [|dʒenə|reɪʃn]	세대	**productivity** [|prɑːdʌk|tɪvəti]	생산성, 능률
enough [ɪ|nʌf]	충분한	**break** [breɪk]	휴식
country [|kʌntri]	시골; 나라	**preserve** [prɪ|z3ːrv]	유지하다
camp [kæmp]	캠핑(하다)	**attention** [ə|tenʃn]	주의, 주목
view [vjuː]	관점, 견해	**statement** [|steɪtmənt]	진술, 서술

실전 유형 연습하기 A

Q1 In your opinion, what is the most worthwhile thing a person can do in their free time? 당신 생각에 여가시간에 할 수 있는 가장 가치 있는 일은 무엇입니까?

SAMPLE ANSWER 1

I think clearing off my desk is one of the most productive ways to spend my free time. Working at a clean and well-organized desk will revitalize your working environment. It will make for a more productive you.

- organized 정리정돈 된
- revitalize 활력을 주다

제 생각에 책상을 깨끗이 치우는 것은 자유시간을 가장 생산적으로 보내는 방법 중 하나입니다. 깨끗하고 잘 정돈된 책상에서 일하는 것은 일하는 환경에 활력을 줄 것입니다. 그것은 더 생산적인 나를 준비해줄 것입니다.

🔑 Key Expressions

clear off	깨끗이 치우다
one of the most productive ways	가장 생산적인 방법 중 하나
make for ~	도움이 되다

 Tips

one of the + 최상급 + 복수명사 ~ : '가장 ~한 것 중의 하나'라는 의미로, 최상급 뒤에 반드시 복수명사

- ⭕ This is **one of the most popular ways** to make friends online. 이것은 온라인에서 친구를 만드는 가장 인기있는 방법 중 하나이다.
- ❌ This is **one of the most popular way** to make friends online.

SAMPLE ANSWER 2

Taking a walk is the most worthwhile activity to do in your free time. It is another form of exercise. It is a good way to stretch your legs. Sitting at a desk too long is bad for your back. Walking does not cost anything or take much time.

- activity 활동
- form 유형, 형태
- stretch 뻗다, 스트레칭하다
- back 허리, 등

걷는 것은 여가시간에 할 수 있는 가장 가치 있는 활동입니다. 그것은 운동의 또다른 형태입니다. 그것은 당신의 다리를 스트레칭 하기에 좋은 방법입니다. 책상에 너무 오래 앉아 있는 것은 허리에 좋지 않습니다. 걷는 것은 돈이 들거나 많은 시간이 걸리지 않습니다.

🔑 Key Expressions

another form of ~	또 다른 형태의 ~
sit at a desk	책상에 앉다
do[does] not cost anything	비용이 들지 않는다

 Tips

sit at (근처에 둘러앉다)

- ⭕ She is sitting **at** the table for dinner. 그녀는 저녁식사를 위해 테이블에 앉아 있다.
- ❌ She is sitting **on** the table for dinner. 그녀는 저녁식사를 위해 테이블 위에 앉아 있다.

핵심표현 다지기 A

원어민의 음성을 듣고 빈 칸을 채운 후 나만의 답변을 완성해 보세요. 🎧 SPA13_A

SAMPLE ANSWER 1

I think _____ my desk is one of the most _____ to spend my free time. Working at a clean and well-organized desk will revitalize your working environment. It will _____ more productive you.

👉 **Pronunciation Tips**
- well-organized [wel |ɔːrgənaɪzd]
- revitalize [|riː|vaɪtəlaɪz]

MY ANSWER 1

SAMPLE ANSWER 2

Taking a walk is the most worthwhile activity to do in your free time. It is another _____ exercise. It is a good way to stretch your legs. _____ a desk too long is bad for your back. Walking does not _____ or take much time.

👉 **Pronunciation Tips**
- worthwhile [|wɜːrθ|waɪl]
- activity [æk|tɪvəti]
- exercise [|eksərsaɪz]
- stretch [stretʃ]

MY ANSWER 2

Expression Checkup

1. _____ _____ the most famous characters is Sherlock Homes.
   가장 유명한 캐릭터 중 하나는 셜록 홈즈이다.

2. He is _____ _____ his desk. 그는 그의 책상에 앉아 있다.

❶ One of ❷ sitting at

UNIT 13 Free Time Activity

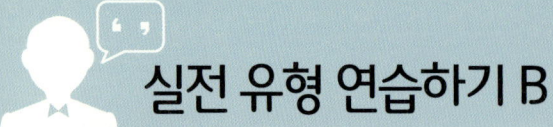

실전 유형 연습하기 B

Q2 **Do you think people these days read as much as their parents' generation? Why or why not?**
요즘 사람들이 부모 세대들처럼 독서를 많이 한다고 생각하나요? 그렇게 생각하는 이유는 무엇인가요?

SAMPLE ANSWER 1

I think people nowadays read even more than the previous generation. The Internet is a great learning tool and people today are familiar with reading online. We are overburdened with information, but reading is the main way to take advantage of it.

| previous 전의 |
| main 주요한 |

저는 요즘 사람들이 전 세대보다 더 많이 읽는다고 생각합니다. 인터넷은 훌륭한 학습 도구입니다. 그리고 요즘 사람들은 인터넷으로 읽는 것에 익숙합니다. 우리는 과도한 정보에 노출되어 있지만 읽는 것만이 그것을 잘 이용할 수 있는 주요한 방법입니다.

🔑 Key Expressions

a great learning tool	훌륭한 학습 도구
be overburdened with information	과도한 정보에 쫓기다 / 노출되어 있다
take advantage of ~	~을 이용하다

형용사 역할을 하는 현재분사 -ing(~하고 있는)
- ⭕ Look at the **singing** birds. 노래하는 새들을 보아라. 〈singing은 bird를 수식하는 형용사 역할〉
- ❌ Look at the **sing** birds.

SAMPLE ANSWER 2

I am certain that people these days read more than the old generation. There is so much reading material available. Not only in printed forms, there are other convenient forms of reading as well. People can read on smartphones, tablet PCs and laptops.

| old generation 구세대 |
| reading material 읽을거리 |
| printed 프린트된 |

저는 요즘 사람들이 구세대보다 더 많이 읽는다고 확신합니다. 요즘에는 많은 읽을 거리가 있습니다. 프린트된 형태뿐만 아니라, 다른 편리한 형태의 읽기 형태가 있습니다. 사람들은 스마트폰, 태블릿 PC 그리고 노트북으로 읽을 수 있습니다.

🔑 Key Expressions

I am certain ~	~임을 확신하다
not only	뿐만 아니라
read on smartphone	스마트폰으로 (접속하여) 읽다

형용사 역할을 하는 과거분사 ~ed(~된)
- ⭕ People prefer to read **printed** books to e-books. 사람들은 전자책보다 프린트된 책을 읽는 것을 선호한다. 〈printed는 books를 수식하는 형용사 역할〉
- ❌ People prefer to read **print** books to e-books.

핵심표현 다지기 B

원어민의 음성을 듣고 빈 칸을 채운 후 나만의 답변을 완성해 보세요. 🎧 SPA13_B

SAMPLE ANSWER 1

I think people nowadays read even more than the previous generation. The Internet is a great _____ and people today are familiar with reading online. We are _____ information, but reading is the main way to _____ of it.

👆 **Pronunciation Tips**
- previous [ˈpriːviəs] • generation [ˌdʒenəˈreɪʃn] • learning [ˈlɜːrnɪŋ] • overburden [ˌoʊvərˈbɜːrdn]

MY ANSWER 1

SAMPLE ANSWER 2

I _____ that people these days read more than the old generation. There is so much reading material available. _____ in printed forms, there are other convenient forms of reading as well. People can read _____, tablet PCs and laptops.

👆 **Pronunciation Tips**
- certain [ˈsɜːrtn] • material [məˈtɪriəl] • available [əˈveɪləbl] • printed [ˈprɪntɪd]

MY ANSWER 2

Expression Checkup

1. A man _____ next to me is my brother. 내 옆에 서있는 남자는 내 남동생이다.

2. It is a _____ test. 그것은 필기(글로 쓰는) 시험이다.

❶ standing ❷ written

핵심 표현 사전

휴식 / 휴가

I will go on a vacation this summer.	나는 이번 여름에 휴가를 갈 것이다.
Taking a nap helps me concentrate better on my work.	낮잠을 자는 것은 내가 일에 더 집중하도록 해준다.
People enjoy the outdoors and scenery.	사람들은 자연과 경치를 즐긴다.
People camp in the woods during the summer.	사람들은 여름 동안 숲에서 캠핑을 한다.
Many workers lack spare time.	많은 직장인들은 휴식시간이 부족하다.
You need some time to be out of the daily routine to increase your work efficiency.	당신은 일의 효율성을 증대시키기 위해서 매일 반복되는 일상에서 벗어나 있는 시간이 필요하다.
It is good to have refreshments during break time.	휴식시간에 간식을 먹는 것은 좋다.
I want to feel nature in the raw.	나는 있는 그대로의 자연을 느끼고 싶다.
Not getting enough rest and being stressed can cause heart problems.	충분한 휴식을 갖지 않고 스트레스를 받는 것은 심장질환을 일으킬 수 있다.
Many people go to a gym after work.	많은 사람들이 퇴근 후 헬스클럽에 간다.

UNIT 14 Technology I

과학 기술의 발전은 개인적, 그리고 사회적으로 매우 중요합니다. 자동차, 스마트폰의 발명 등이 이 주제의 질문으로 나오면 기술이 미치는 긍정적, 부정적 영향이나 기술과 환경을 연결시킨 고난이도의 문제가 출제되기도 합니다.

🎓 질문 유형 파악하기

What do you think is mankind's greatest invention? Why?
인류의 가장 위대한 발명은 무엇이라고 생각합니까? 그 이유는 무엇인가요?

Computers are starting to be built into new houses and apartments. Would you like a computer to control your house for you?
새 집과 아파트에 내장형 컴퓨터가 지어지기 시작했습니다. 컴퓨터가 당신을 위해 당신의 집을 제어하기를 바라나요?

How has the the way of Internet surfing changed in the last ten years? Please discuss the similarities and differences. 인터넷 서핑이 지난 10년 동안 어떻게 변했나요? 그 유사성과 차이점에 대해 논의해 보세요.

What is the most positive effect of technology in our daily lives? Why do you think so?
우리의 일상 생활에서 기술의 가장 긍정적인 영향은 무엇인가요? 왜 그렇게 생각하나요?

Do you keep up with the latest technological advancements? Why or why not?
당신은 최신 기술 발전에 대해 잘 아나요? 그 이유는 무엇인가요?

Has the computer created or killed jobs in the workplace? 직장에서 컴퓨터가 일자리를 창출하나요, 없애나요?

Do you think you could function effectively without your cellphone for one week? Why or why not? 당신은 휴대폰 없이 일주일 동안 효율적으로 업무를 수행할 수 있다고 생각합니까? 그 이유는 무엇인가요?

Do you think technological advances are always good? 기술 발전이 항상 좋다고만 생각합니까?

What do you think has been the most important new invention in your lifetime?
당신은 살면서 가장 중요한 새로운 발명이 무엇이라고 생각합니까?

Do you think technology can lessen the damage caused by natural disasters?
기술이 자연재해에 의한 피해를 줄일 수 있다고 생각하나요?

🎓 관련 어휘 파악하기

mankind [mænǀkaɪnd]	인류	**advancement** [ədǀvænsmənt]	발전, 진보
invention [ɪnǀvenʃn]	발명품	**function** [ǀfʌŋkʃn]	기능; 기능하다
surf [sɜːrf]	인터넷을 서핑하다	**effectively** [ɪǀfektɪvli]	효과적으로
difference [ǀdɪfrəns]	차이, 다름	**lesson** [ǀlesn]	줄이나
similarity [sɪməǀlærəti]	유사성	**damage** [ǀdæmɪdʒ]	피해
latest [ǀleɪtɪst]	가장 최근의	**natural disaster** [ǀnætʃrəl dɪǀzæstə(r)]	자연재해
technological [tèknəlɑ́dʒikəl]	과학 기술의		

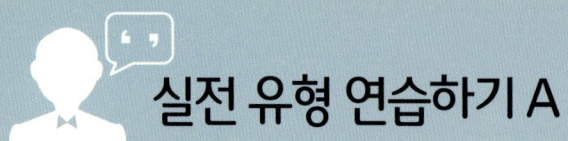

실전 유형 연습하기 A

Q1 What do you think is mankind's greatest invention? Why?
인류의 가장 위대한 발명은 무엇이라고 생각합니까? 그 이유는 무엇인가요?

SAMPLE ANSWER 1

I think the Internet is the greatest invention. Nowadays, we cannot imagine life without the Internet. We search the Internet every day to get information or to be entertained. Furthermore, the world is all connected through the Internet, so social networks have expanded.

invention 발명
entertained 즐거운

저는 인터넷이 최고의 발명품이라고 생각합니다. 요즘 우리는 인터넷 없는 삶을 상상할 수 없습니다. 우리는 매일 정보를 구하고 즐거움을 찾기 위해 인터넷을 합니다. 뿐만 아니라, 세계는 인터넷을 통해 모두 연결되어 있고, 그래서 사회 연결망이 확장되었습니다.

Key Expressions

the greatest ~   최고/최대의 ~
cannot imagine life without A   A 없는 삶을 상상할 수 없다

Tips without worrying about~ (~할 걱정없이)
- You can go **without worrying about** him. 너는 그를 걱정하지 않고 갈 수 있다.
- I can buy things **without worrying about** the budget. 나는 예산을 걱정하지 않고 물건을 살 수 있다.

SAMPLE ANSWER 2

In my opinion, mankind's greatest invention is the means of transportation. Cars have made people travel faster. Also, they have enabled us to transport materials much more easily. Thanks to the invention of the airplane, we can travel even farther.

means 수단
transport 이동시키다

제 의견으로는 인간의 가장 훌륭한 발명은 교통수단입니다. 차는 사람들이 더 빨리 이동하도록 해주었습니다. 또한, 그것들은 우리가 물량을 훨씬 더 쉽게 이동할 수 있도록 해주었습니다. 비행기 발명 덕택에 우리는 더 멀리 이동할 수도 있게 되었습니다.

Key Expressions

enable A to B   A가 B하도록 해주다
thanks to ~   ~ 덕택에

Tips
A make B C: A(someone)는 B(someone)를 C하게 한다
A enable B to C: A(something)가 B(someone)를 C할 수 있게 해준다
- You **make me** do something. 너는 내가 무언가를 하게 만든다.
- Money **enables me to** do something. 돈은 내가 무언가를 할 수 있게 해준다.

100 CHAPTER 2

핵심표현 다지기 A

원어민의 음성을 듣고 빈 칸을 채운 후 나만의 답변을 완성해 보세요. 🎧 SPA14_A

SAMPLE ANSWER 1

I think the Internet is _____ invention. Nowadays, we cannot imagine _____ the Internet. We search the Internet every day to get information or to be entertained. Furthermore, the world is all connected through the Internet, so social networks have expanded.

👆 **Pronunciation Tips**
- imagine [ɪ|mædʒɪn] • search [sɜːrtʃ] • information [|ɪnfər|meɪʃn] • entertained [|entər|teɪnd]
- furthermore [|fɜːrðər|mɔːr] • expanded [ɪk|spændɪd]

MY ANSWER 1

SAMPLE ANSWER 2

In my opinion, mankind's greatest invention is the means of transportation. Cars have made people travel faster. Also, they have _____ to transport materials much more easily. _____ the invention of the airplane, we can travel even farther.

👆 **Pronunciation Tips**
- mankind's [mæn|kaɪndz] • transportation [|trænspɔːr|teɪʃn] • enabled [ɪ|neɪbld] • transport [træn|spɔːrt]
- materials [mə|tɪriəlz] • travel [|trævl] • farther [|fɑːrðə(r)]

MY ANSWER 2

Expression Checkup

1. I cannot do my homework _____ my computer. 나는 컴퓨터 없이는 숙제를 할 수 없다.

2. Online classes _____ students _____ study at home.
   온라인 수업은 학생들이 집에서 공부할 수 있도록 해준다.

① without ② enable / to

실전 유형 연습하기 B

Q2 Computers are starting to be built into new houses and apartments. Would you like a computer to control your house for you?
새 집과 아파트에 내장형 컴퓨터가 지어지기 시작했습니다. 컴퓨터가 당신을 위해 당신 집을 제어하기 바라나요?

SAMPLE ANSWER 1

Yes, I would like a computer to control my house for me. It would be very useful, especially when I leave my house for a long time. I can program the computer to turn on the lights at night. Then, I wouldn't have to worry about burglars breaking into my house.

control 통제하다
program 프로그램을 짜다
burglar 빈집털이범

네, 저는 저를 위해 컴퓨터가 저의 집을 제어하게 하고 싶습니다. 그것은 특히 제가 집을 오랜 시간 떠나있을 때 매우 유용할 것입니다. 저는 밤에 불이 켜지도록 컴퓨터를 프로그램 할 수 있습니다. 그러면 저는 빈집털이범이 침입할 걱정을 하지 않아도 될 것입니다.

 Key Expressions

for a long time	오랜 시간 동안
turn on[off] the light	불을 켜다[끄다]
break into ~	~에 몰래 침입하다

Tips turn it on (대상이 대명사일 경우 부사인 on 앞에 대명사를 쓴다.)
- ⭕ Turn on **the TV**. TV를 켜세요.
- ⭕ Turn **it** on. 그것을 켜세요.
- ⭕ Turn **the TV** on.
- ❌ Turn on **it**.

SAMPLE ANSWER 2

Yes. If a computer controlled my house, it would improve convenience, comfort and security in my daily life. Whenever I am not home, I always have nagging little doubts like "Did I turn the stove off? Did I lock the door?" Once I can control my house with a computer, these doubts would disappear.

improve 향상시키다
convenience 편리성
daily life 일상 생활
stove 오븐
lock 잠그다
once 일단, 한 번

네, 만약에 컴퓨터가 저희 집을 통제한다면, 제 일상의 편리성, 안락함 그리고 보안을 향상시킬 것입니다. 제가 집을 비울 때마다 저는 항상 끊임없이 사소한 의심들을 갖습니다. 오븐을 껐나? 내가 문을 잠갔나? 일단 제가 컴퓨터로 집을 통제하면 이러한 의심이 사라질 것입니다.

 Key Expressions

whenever + 주어 + 동사	~가 ~할 때마다
nagging doubts	끊임없는 의심

Tips 복합 관계사 whenever → 접속사 역할
- ⭕ I feel sad **whenever** it rains. 나는 비가 올 때마다 슬프다.
- ⭕ You can call me **whenever** you want. 너가 원할 때마다 나에게 전화할 수 있다.

핵심표현 다지기 B

원어민의 음성을 듣고 빈 칸을 채운 후 나만의 답변을 완성해 보세요. 🎧 SPA14_B

SAMPLE ANSWER 1

Yes, I would like a computer to control my house for me. It would be very useful, especially when I leave my house _____. I can program the computer to _____ the lights at night. Then, I wouldn't have to worry about burglars _____ my house.

👆 **Pronunciation Tips**
- control [kən|troʊl]   • useful [|juːsfl]   • especially [ɪ|speʃəli]   • program [|proʊɡræm]
- burglar [|bɜːrɡlə(r)]

MY ANSWER 1

SAMPLE ANSWER 2

Yes. If a computer controlled my house, it would improve convenience, comfort and security in my daily life. _____ not home, I always have _____ like "Did I turn the stove off? Did I lock the door?" Once I can control my house with a computer, these doubts would disappear.

👆 **Pronunciation Tips**
- improve [ɪm|pruːv]   • convenience [kən|viːniəns]   • comfort [|kʌmfərt]   • security [sə|kjʊrəti]
- stove [stoʊv]   • doubt [daʊt]   • disappear [|dɪsə|pɪr]

MY ANSWER 2

Expression Checkup

1. This coat will not last for a _____ _____. 이 코트는 오래가지 못할 것이다.

2. I feel nervous _____ I give a presentation. 나는 발표할 때마다 긴장된다.

❶ long time   ❷ whenever

핵심 표현 사전

테크놀로지

Technology makes my life very convenient.	기술은 내 삶을 매우 편리하게 해준다.
I have always been an early adopter of new things.	나는 항상 새로운 것에 대해 얼리 어답터였다.
Medical technology helps people be healthier.	의학기술은 사람들이 더욱 건강해지도록 해준다.
People can save a great amount of time through technology.	사람들은 기술을 통해 많은 시간을 절약할 수 있다.
Computers play a great role in our lives.	컴퓨터는 우리 삶에서 큰 역할을 한다.
I take advantage of technology every day.	나는 매일 기술을 이용한다.
Technology is transforming health care matters.	기술은 보건 문제를 변화시킨다.
E-commerce saves time and energy.	전자 상거래는 시간과 에너지를 줄여 준다.
I can download e-book files.	나는 전자 책 파일을 다운로드할 수 있다.
People can find anything on the Internet.	사람들은 인터넷으로 무엇이든 찾을 수 있다.

UNIT 15 Technology II

테크놀로지는 지금 이 순간도 발전하고 있으며 기술이 없는 우리의 일상은 상상할 수 없을 정도로 밀접한 관계를 맺고 있습니다. 우리가 매일 사용하는 인터넷도 과학 기술의 산물이라고 할 수 있습니다. 테크놀로지는 이 시험에서 빠질 수 없는 주제이므로 더 다양한 질문 유형을 가지고 문제를 풀어봅시다.

🎓 질문 유형 파악하기

What are some of the advantages and disadvantages of electric cars? 전기차의 장점과 단점은 무엇입니까?

Which do you prefer: e-books or printed books? Please explain in detail.
전자 책과 종이 책 중 무엇을 선호하십니까? 자세히 설명해 주세요.

Do you think modern technology reduces or increases stress? Why?
현대 기술이 스트레스를 감소시킨다고 생각하나요, 증가시킨다고 생각하나요? 그 이유는 무엇입니까?

In your opinion, what technology needs to be improved to make electric cars more popular?
당신 생각에, 전기차가 더욱 인기를 얻으려면 어떤 기술이 필요하나요?

Do you think people take notice of advertisements on the Internet?
사람들이 인터넷 광고에 주목한다고 생각합니까?

Most electronic devices are usually one of the three colors: black, silver or white. Why do you think they are? Do you think we will have more colorful devices in the future? 대부분의 전자 장치들이 검정, 은색 또는 흰색 세 가지 컬러 중 하나입니다. 왜 그렇다고 생각하나요? 미래에는 더 다양한 색상의 전자 장치들이 나올 거라고 생각합니까?

What is your opinion on the amount of information available on the Internet nowadays?
오늘날 인터넷에서 이용 가능한 정보량에 대한 당신의 의견은 어떻습니까?

Do you think technology can improve our education system?
기술이 우리의 교육 제도를 향상시킬 수 있다고 생각하나요?

Do you think modern technology can help our environment? 현대 기술이 우리의 환경을 도울 수 있다고 생각하나요?

🎓 관련 어휘 파악하기

advantage [əd|væntɪdʒ]	장점	**advertisement** [|ædvər|taɪzmənt]	광고
disadvantage [|dɪsəd|væntɪdʒ]	단점	**electronic** [ɪ|lek|trɑ:nɪk]	전자의
electric car [ɪ|lektrɪk kɑ:(r)]	전기차	**colorful** [|kʌlərfl]	형형색색의
e-book [i:|bùk]	전자책	**device** [dɪ|vaɪs]	장치, 기구
printed book [prɪntɪd bùk]	종이책	**opinion** [ə|pɪnjən]	의견
modern [|mɑ:dərn]	현대의	**education** [|edʒu|keɪʃn]	교육
improve [ɪm|pru:v]	향상시키다	**environment** [ɪn|vaɪrənmənt]	환경

실전 유형 연습하기 A

Q1 **What are some of the advantages and disadvantages of electric cars?**
전기 차의 장점과 단점은 무엇입니까?

SAMPLE ANSWER 1

The advantage of electric cars is that it is cheaper to operate. Electricity is ubiquitous and cheap. However, electric cars are highly priced. In addition, there are not many kinds of electric cars on the market, so my choice is limited.

- **operate** 가동[작동]하다
- **electricity** 전기, 전력
- **ubiquitous** 아주 흔한, 어디에나 있는

전기차의 장점은 가동하기가 더 저렴하다는 것입니다. 전기는 매우 흔하며 쌉니다. 그러나 전기차는 가격이 높습니다. 게다가 시중에는 많은 종류의 전기차가 나와 있지 않습니다. 따라서 선택이 제한적입니다.

🔑 Key Expressions

The advantage of ~	~의 장점
on the market	시중에 나와 있는
choice is limited	선택이 제한적이다

 Tips **limit (v. ~을 제한하다) vs. (n. 제한)**
- They **limit** the volume of the audio. 그들은 오디오 볼륨을 제한한다.
- There is a speed **limit**. 속도 제한이 있다.

SAMPLE ANSWER 2

Electric cars have a smaller impact on the environment than conventional cars, whereas the emissions from conventional cars are increasing air pollution. However, you have to refuel electric cars frequently, and it would take hours to fully refuel.

- **impact** 영향
- **emission** 배기가스
- **conventional** 평범한
- **whereas** 반면에
- **refuel** 연료를 재급유하다

전기차들은 기존 차들보다 환경에 더 적은 영향을 미칩니다. 반면에 기존 차들의 배기가스가 대기오염을 증가시키는 반면에 전기차들은 자주 재급유해야 하며, 완전히 급유하는 데 몇 시간이 걸립니다.

🔑 Key Expressions

have an impact on ~	~에 영향을 미치다
increase air pollution	대기 오염을 증가시키다

 Tips **re + 동사 (다시; '재'의 뜻)**
- I **redrink** coffee these days. 나는 요즘 커피를 다시 마신다.
- He needs to **reevaluate** the test. 그는 시험을 다시 평가해야 한다.

핵심표현 다지기 A

원어민의 음성을 듣고 빈 칸을 채운 후 나만의 답변을 완성해 보세요. 🎧 SPA15_A

SAMPLE ANSWER 1

The _____ of electric cars is that it is cheaper to operate. Electricity is ubiquitous and cheap. However, electric cars are highly priced. In addition, there are not many kinds of electric cars _____, so my choice is _____.

👉 **Pronunciation Tips**
- electric [ɪ|lektrɪk]　• operate [|ɑːpəreɪt]　• electricity [ɪ|lek|trɪsəti]　• ubiquitous [juː|bɪkwɪtəs]

MY ANSWER 1

SAMPLE ANSWER 2

Electric cars have a smaller _____ the environment than conventional cars, whereas the emissions from conventional cars are _____ air pollution. However, you have to refuel electric cars frequently, and it would take hours to fully refuel.

👉 **Pronunciation Tips**
- conventional [kən|venʃənl]　• whereas [|weræz]　• emission [i|mɪʃn]　• refuel [|riː|fjuːəl]

MY ANSWER 2

Expression Checkup

1. There are many electronic devices on the _____. 시중에는 많은 전자 기기들이 나와 있다.

2. I have to _____ my laundry. 나는 빨래를 다시 해야 한다.

❶ market ❷ redo

UNIT 15 Technology II　**107**

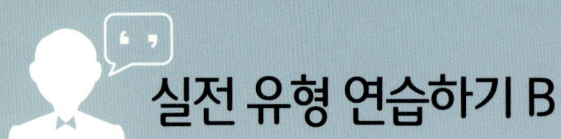

실전 유형 연습하기 B

Q2 Which do you prefer: e-books or printed books? Please explain in detail. 전자 책과 종이 책 중 무엇을 선호하십니까? 자세히 설명해 주세요.

SAMPLE ANSWER 1

I prefer e-books to printed books. I can read e-books anywhere, on anything. Only one slate can contain all my library. It is much lighter because I don't have to carry a stack of papers, not to mention that it saves a trip to the bookstore.

contain 포함하다
carry 들고 다니다
bookstore 서점

저는 프린트 책보다 전자 책을 더 선호합니다. 저는 어떤 것을 통해서나 어떤 곳에서나 전자 책을 읽을 수 있습니다. 단 하나의 슬레이트에 제 모든 책들을 넣을 수 있습니다. 종이 한 무더기를 가지고 다니지 않아도 되므로 훨씬 가볍고, 서점에 가지 않아도 되는 것은 말할 것도 없습니다.

🔑 Key Expressions

all my library	내가 가진 모든 책들
a stack of ~	한 더미[무더기]의 ~
not to mention	~은 말할 것도 없고

 carry (가지고 다니다: 휴대) vs. **have** (가지고 있다: 소유)
- I **carry** my cellphone. 나는 휴대폰을 가지고 다닌다.
- I **have** my cellphone. 나는 휴대폰을 가지고 있다.

SAMPLE ANSWER 2

I am still a paper book lover. It's satisfying to curl up with a book. I love the smell of the pages and the heft of books. Reading doesn't feel the same way with a cold and hard device. For me, reading activity is also a great experience.

curl up with ~을 가지고 눕다
heft 중량, 무게

저는 여전히 종이 책 광팬입니다. 한가로이 누워 책을 읽는 것은 매우 만족스럽습니다. 저는 책 냄새와 중량감이 너무 좋습니다. 차갑고 딱딱한 기기로 읽는 것은 같은 느낌이 나지 않습니다. 저에게는 읽는 행위 자체가 훌륭한 경험입니다.

🔑 Key Expressions

a ~ lover	~을 사랑하는 사람, 광팬
feel the same way	똑같이 느끼다[생각하다]

 curl up with ~: '~을 가지고 웅크리고 있다' / '한가로이 ~을 가지고 시간을 보내다' / '뒹굴거리다'
- There is nothing better than **curling up with a good book**. 좋은 책을 읽으며 한가로이 있는 것보다 나은 것은 없다.
- I have some **thoughts to curl up with**. 시간을 갖고 생각해 봐야 할 생각들이 있다.

핵심표현 다지기 B

원어민의 음성을 듣고 빈 칸을 채운 후 나만의 답변을 완성해 보세요. 🎧 SPA15_B

SAMPLE ANSWER 1

I prefer e-books to printed books. I can read e-books anywhere, on anything. Only one slate can contain _____. It is much lighter because I don't have to carry _____ papers, _____ that it saves a trip to the bookstore.

👆 **Pronunciation Tips**
- slate [sleɪt]   • contain [kənˈteɪn]   • carry [ˈkæri]   • bookstore [ˈbʊkstɔːr]

MY ANSWER 1

SAMPLE ANSWER 2

I am still a paper _____. It's satisfying to curl up with a book. I love the smell of the pages and the heft of books. Reading doesn't feel _____ with a cold and hard device. For me, reading activity is also a great experience.

👆 **Pronunciation Tips**
- curl up [kɜːrl ʌp]   • device [dɪˈvaɪs]   • activity [ækˈtɪvəti]

MY ANSWER 2

Expression Checkup

1. _____ _____ _____ his time and effort. 그의 시간과 노력은 말할 것도 없다.

2. She's a cheese cake _____. 그녀는 치즈 케익을 사랑하는 사람입니다.

❶ Not to mention ❷ lover

UNIT 15 Technology II **109**

핵심 표현 사전

테크놀로지

Students are so quick to turn to the Internet to answer questions.	학생들은 질문에 답변하기 위해 너무 빨리 인터넷에 의존한다.
People live healthier due to technical advancement in medicine.	사람들은 의료과학 기술의 발전으로 더 건강하게 산다.
Too much advanced technology can cause many negative effects.	너무 발전된 기술은 많은 부정적 효과를 야기할 수 있다.
Technology has changed our education system.	기술은 교육 시스템을 변화시켰다.
Technology has become a huge part of the labor.	기술은 노동의 큰 부분을 차지하게 되었다.
There are many online communities that are inappropriate for education.	교육에 부적절한 온라인 커뮤니티들이 많다.
There are many environmentally-friendly technologies.	환경친화적인 과학 기술들이 많다.
Computers are considered an important factor in our society.	컴퓨터는 우리 사회에서 중요한 요소로 간주된다.
Economy flows with technology.	경제는 기술과 함께 흐른다.
Technology is improving, so we can solve more crimes.	기술이 발전하고 있어서 우리는 더 많은 범죄를 해결한다.
Improving technology enables businesses to increase sales.	발전하는 기술은 사업이 매출을 증대시킬 수 있게 해준다.

UNIT 16 Health

이번 Unit에서는 건강에 관한 상식과 사회적 관점과 의견을 물어보는 질문에 대비하는 표현을 배워보도록 하겠습니다. 건강 관련 주제 역시 휴식과 운동에서부터 애완견, 식습관까지 다양한 유형의 질문이 나옵니다.

질문 유형 파악하기

Why do you think it is important for people to relax? 왜 당신은 사람들이 휴식을 취하는 것이 중요하다고 생각합니까?

Do you think pets have a positive or negative influence on the owner's health? Why or why not?
당신은 애완동물이 주인의 건강에 긍정적인 영향을 미친다고 생각하나요, 부정적인 영향을 미친다고 생각하나요? 그 이유는 무엇인가요?

What ailments is western medicine better at curing? 양약 치료가 더 효과적인 질병에는 어떤 것들이 있나요?

What can you do to improve your current diet? 현재의 식단을 개선하기 위해 당신은 무엇을 할 수 있나요?

In your opinion, what is a "balanced diet"? Please explain.
당신 생각에, '균형 잡힌 식단'은 무엇인가요? 설명해 보세요.

In your opinion, do today's children get enough exercise? Why or why not?
당신 생각에, 오늘날 어린이들은 충분히 운동을 하나요? 그 이유는 무엇인가요?

Why do you think most fast foods are considered unhealthy?
대부분의 패스트푸드가 건강에 좋지 않다고 여겨지는 이유가 무엇이라고 생각하나요?

Do you think people today have less concerns about physical fitness compared to the past?
Why or why not? 오늘날 사람들은 과거에 비해 신체 건강에 대해 덜 걱정한다고 생각합니까? 그 이유는 무엇인가요?

In your opinion, what should people do to improve their health? Why?
당신 생각에, 현대인들은 건강 증진을 위해 무엇을 해야 하나요? 그 이유는 무엇인가요?

관련 어휘 파악하기

relax [rɪ|læks]	휴식을 취하다	exercise [|eksərsaɪz]	운동; 운동하다
pet [pet]	애완동물	fast food [fæst fu:d]	패스트푸드
influence [|ɪnfluəns]	영향	unhealthy [ʌn|helθi]	건강하지 않은
ailment [eɪlmənt]	질병	concern [kən|s3:rn]	걱정, 염려
medicine [|medsn]	의학, 의료	physical fitness [|fɪzɪkl |fɪtnəs]	신체 건강
cure [kjʊr]	치료하다	vitamin [|vaɪtəmɪn]	비타민
balanced diet [|bælənst |daɪət]	균형 잡힌 식단	disease [dɪ|zi:z]	질병, 질환

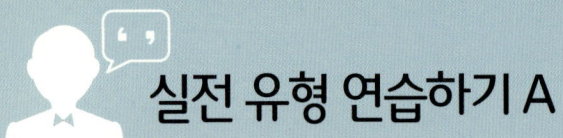

실전 유형 연습하기 A

Q1 Why do you think it is important for people to relax?
왜 당신은 사람들이 휴식을 취하는 것이 중요하다고 생각합니까?

SAMPLE ANSWER 1

We need to relax to **look after** our physical and mental health. We should take enough time to rest, so we can **keep our stress levels in check**. Also, enough sleep is important for us to **function our best** throughout the day.

- physical 육체의
- mental 정신의
- rest 휴식하다
- level 수치, 정도

우리는 신체 건강과 정신 건강을 돌보기 위해 휴식을 취해야 합니다. 우리는 휴식을 위해 충분한 시간을 보내서 스트레스 정도를 제어할 수 있어야 합니다. 또한 충분한 수면은 최고의 컨디션으로 활동하는 데 매우 중요합니다.

🔑 Key Expressions

look after ~	~을 돌보다
keep A in check	A를 제어[억제]하다
function one's best	최고를 발휘하다

동사 function (기능하다) vs. 명사 function (기능)

- This device does not **function** properly. 이 장치는 제대로 작동하지 않는다. 〈동사〉
- The **function** of this was not known. 이것의 기능은 알려지지 않았다. 〈명사〉

SAMPLE ANSWER 2

After you relax, your mood improves. When you are **in a good mood**, you can **be more motivated** to work. This would make your everyday life **full of energy**. Furthermore, your memory will improve, and it will be easier to concentrate.

- mood 기분
- memory 기억(력)
- improve 향상시키다
- concentrate 집중하다

당신이 휴식을 취한 후에, 당신의 기분은 좋아집니다. 기분 좋은 상태일 때 당신은 일할 의욕이 더 생깁니다. 이것은 당신의 일상을 에너지로 가득 차게 만들 것입니다. 게다가 당신의 기억력은 상승할 것이고 집중하기가 더 수월해질 것입니다.

🔑 Key Expressions

in a good mood	기분이 좋은
be motivated	의욕이 있다, 동기부여가 되다
full of energy	에너지로 가득 찬

motivate의 능동형과 수동형의 의미 차이

- He **motivates** his son to study harder. 그는 그의 아들이 더 열심히 공부하도록 동기부여를 한다. 〈능동형〉
- His son **is motivated** to study harder. 그의 아들은 열심히 공부할 의욕이 있다. 〈수동형〉

핵심표현 다지기 A

원어민의 음성을 듣고 빈 칸을 채운 후 나만의 답변을 완성해 보세요. 🎧 SPA16_A

SAMPLE ANSWER 1

We need to relax to _____ our physical and mental health. We should take enough time to rest, so we can keep our stress levels _____. Also, enough sleep is important for us to _____ throughout the day.

👆 **Pronunciation Tips**
- physical [ǀfɪzɪkl] • mental [ǀmentl] • rest [rest] • level [ǀlevl] • throughout [θruːǀaʊt]

MY ANSWER 1

SAMPLE ANSWER 2

After you relax, your mood improves. When you are _____, you can _____ to work. This would make your everyday life _____. Furthermore, your memory will improve, and it will be easier to concentrate.

👆 **Pronunciation Tips**
- relax [rɪǀlæks] • mood [muːd] • improve [ɪmǀpruːv] • memory [ǀmeməri] • concentrate [ǀkɑːnsntreɪt]

MY ANSWER 2

Expression Checkup

1. She will _____ _____ your children. 그녀가 당신 아이들을 돌볼 것이다.

2. I am less _____ when I am tired. 나는 피곤할 때 의욕이 덜 생긴다.

❶ look after ❷ motivated

UNIT 16 Health

실전 유형 연습하기 B

Q2 Do you think pets have a positive or negative influence on the owner's health? Why or why not?
당신은 애완동물이 주인의 건강에 긍정적인 영향을 미친다고 생각하나요, 부정적인 영향을 미친다고 생각하나요? 그 이유는 무엇인가요?

SAMPLE ANSWER 1

I believe pets can improve your health. If you have a dog, you walk more because you need to walk your dog regularly. It is good for your heart. Also, pets are good for your mental health. Petting your dog or cat feels good. So this can reduce stress hormones.

pet 애완동물; 쓰다듬다
heart 심장
reduce 줄이다
stress hormone 스트레스 호르몬

저는 애완동물이 당신의 건강을 향상시킨다고 믿습니다. 만약에 당신이 개를 기른다면, 당신은 개를 정기적으로 산책시키기 위해 더 걷게 됩니다. 이것은 당신의 심장에 좋습니다. 또한 애완동물은 정신 건강에도 좋습니다. 당신의 개나 고양이를 쓰다듬는 것은 기분이 좋습니다. 그래서 이것은 스트레스 호르몬을 줄여줍니다.

🔑 Key Expressions

walk one's dog regularly — 정기적으로 개를 산책시키다
be good for one's mental health — ~의 정신 건강에 좋다

be good for + 명사 vs. be good to + 동사
- Walking is good **for** health. 걷는 것은 건강에 좋다.
- This is good **to** eat. 이것은 먹기에 좋다. (식용 가능하다)

SAMPLE ANSWER 2

Allergies to pets with fur or feathers are common. If you are allergic to dogs or cats, your eyes are itchy and you have a runny nose. These symptoms will be worsen with pet scratch or lick. Not only that, many people are bitten by dogs every year.

allergy 알레르기
common 흔한
symptom 증상
worse 악화된
be bitten 물리다

털이나 깃털을 가진 애완동물에 대한 알레르기는 흔합니다. 만약에 당신이 개나 고양이에 알레르기를 일으킨다면, 눈이 가렵고 콧물이 날 것입니다. 이러한 증상들은 애완동물의 할큄이나 핥음으로 악화될 것입니다. 그뿐 아니라, 많은 사람들은 매년 개들에게 물립니다.

🔑 Key Expressions

be allergic to ~ — ~에 대해 알레르기가 있는
be itchy — 가렵다
have a runny nose — 콧물이 흐르다

be allergic to~는 '알레르기가 있다' 는 뜻 외에 '몹시 싫어한다' 는 의미도 있다.
- I **am allergic to** playing sports. 나는 스포츠 하는 것을 몹시 싫어한다.
- He **is allergic to** her. 그는 그녀를 몹시 싫어한다.

핵심표현 다지기 B

원어민의 음성을 듣고 빈 칸을 채운 후 나만의 답변을 완성해 보세요. 🎧 SPA16_B

SAMPLE ANSWER 1

I believe pets can improve your health. If you have a dog, you walk more because you need to _____ regularly. It is good for your heart. Also, pets are good for your _____. Petting your dog or cat feels good. So this can reduce stress hormones.

👆 **Pronunciation Tips**
- pet [pet] • regularly [ˈregjələrli] • heart [hɑːrt] • reduce [rɪˈduːs] • hormone [ˈhɔːrmoʊn]

MY ANSWER 1

SAMPLE ANSWER 2

Allergies to pets with fur or feathers are common. If you are _____ dogs or cats, your eyes are _____ and you have a _____. These symptoms will be worsen with pet scratch or lick. Not only that, many people are bitten by dogs every year.

👆 **Pronunciation Tips**
- allergies [ˈælərdʒis] • fur [fɜː(r)] • feather [ˈfeðə(r)] • symptom [ˈsɪmptəm]
- worse [ˈwɜːrs] • scratch [skrætʃ] • lick [lɪk] • bitten [bɪtn]

MY ANSWER 2

Expression Checkup

1. Apples are _____ _____ breakfast. 사과는 아침식사로 좋다.
2. She is _____ _____ fish. 그녀는 물고기에 알레르기가 있다.

❶ good for ❷ allergic to

UNIT 16 Health

핵심 표현 사전

건강

One in three people in my county has allergic rhinitis.	우리 나라의 3명 중 1명은 알레르기성 비염을 앓는다.
Many people take nutritional supplements for their health.	많은 사람들은 건강을 위해 영양제를 먹는다.
Parents should pay more attention to their children's health.	부모들은 자녀 건강에 더 주의를 기울여야 한다.
I need to eat more green food.	나는 더 많은 야채를 먹을 필요가 있다.
People tend to be too quick to take medicine.	사람들은 약을 너무 빨리 먹는 경향이 있다.
Office jobs often cause cervical discs.	사무직은 종종 목 디스크를 야기한다.
We should build healthy eating habits.	우리는 건강한 식습관을 길러야 한다.
Many Korean people today prefer eating western food.	오늘날 많은 한국 사람들은 서양 음식 먹는 것을 선호한다.
Junk food is likely to make you overweight.	인스턴트 음식은 당신을 비만으로 만들 가능성이 크다.
The number of obese children is increasing.	비만 아동 수가 늘고 있다.

UNIT 17 Environment

환경 주제는 크게 환경 보호 방법과 에너지 절약으로 나뉩니다. 자주 출제되는 주제는 아니지만 준비해두지 않을 경우 답변하기가 쉽지 않은 경우가 많으므로 상식적인 어휘와 표현을 익혀 둡시다.

질문 유형 파악하기

Do you think recycling is the best way to protect our environment?
재활용이 환경을 보호하는 가장 좋은 방법이라고 생각합니까?

Why is it important to save energy? 에너지를 절약하는 것이 중요한 이유는 무엇인가요?

What can you do to make this world a better place?
이 세상을 더 살기 좋은 곳으로 만들기 위해 당신은 무엇을 할 수 있나요?

Do you think people should recycle newspapers? Why or why not?
신문을 재활용해야 한다고 생각합니까? 그 이유는 무엇인가요?

Which is more important, increasing people's standard of living, or protecting the environment?
사람들의 생활 수준을 높이는 것과 환경을 보호하는 것 중 어느 것이 더 중요하나요?

In your opinion, is it important to teach children how to recycle? Why?
당신 생각에, 아이들에게 재활용하는 방법을 가르치는 것이 중요합니까? 그 이유는 무엇인가요?

Should the government encourage people to recycle? Why?
사람들이 재활용하도록 정부가 권장해야 합니까? 그 이유는 무엇인가요?

Please tell me about your views on the relationship between technology and environment.
기술과 환경의 관계에 대한 당신의 견해를 말씀해 주세요.

Global warming is mainly caused by the emission of Greenhouse gasses. How can we reduce global warming? 지구온난화는 주로 온실가스 배출로 인해 야기됩니다. 지구온난화는 어떻게 줄일 수 있나요?

Have you participated in odd-even license plate number system? How is the participation rate in Korea? 자동차 짝홀제에 동참해 본 적 있습니까? 한국의 참여율에 대해 어떻게 생각하나요?

관련 어휘 파악하기

recycling [ri:sáikliŋ]	재활용	**encourage** [ɪn|kɜ:rɪdʒ]	격려[장려]하다
protect [prəǀtekt]	보호하다	**global warming** [|gloʊbl |wɔ:rmɪŋ]	지구 온난화
environment [ɪn|vaɪrənmənt]	환경	**emission** [iǀmɪʃn]	배출, 배기가스
save [seɪv]	절약하다	**greenhouse gas** [|gri:nhaʊs gæs]	온실 가스
energy [|enərdʒi]	에너지		
government [|gʌvərnmənt]	정부	**participate** [pɑ:r|tɪsɪpeɪt]	참여하다

* **odd-even license plate number system** : 자동차 짝홀수제

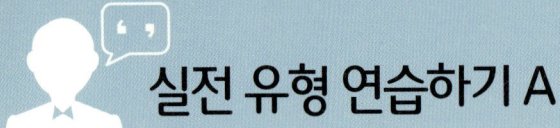

실전 유형 연습하기 A

Q1 Do you think recycling is the best way to protect our environment?
재활용이 환경을 보호하는 가장 좋은 방법이라고 생각합니까?

SAMPLE ANSWER 1

Yes, I think recycling is the best way. We can **conserve natural resources** and **improve our environment** by recycling. Also, we can recycle easily at home. We can separate materials and use recycling bins. Buying **products made from recycled materials** is another easy way to recycle.

- recycling 재활용
- separate 분리하다
- recycling bin 재활용 쓰레기통

네, 저는 재활용이 최고의 방법이라고 생각합니다. 우리는 재활용함으로써 천연자원을 아끼고 환경을 개선할 수 있습니다. 또한 집에서 쉽게 재활용할 수 있습니다. 우리는 분리 수거를 하고 재활용 쓰레기통을 사용할 수 있습니다. 재생된 재료로 만들어진 제품을 사는 것도 재활용을 하는 또 다른 쉬운 방법입니다.

🔑 Key Expressions

conserve natural resources	천연자원을 보존하다
improve environment	환경을 개선하다
products made from recycled materials	재생된 재료로 만들어진 제품들

 made from~ (원료) vs. **made by (~제조사, 만든 사람)**
- This bread is **made from** corn. 이 빵은 옥수수로 만들어졌다.
- The dress is **made by** a famous designer. 그 드레스는 유명한 디자이너가 만든 것이다.

SAMPLE ANSWER 2

No, I think reducing trash is the best way. We should **try not to use disposable products**. Many people these days **carry their tumblers with them**. That way, they don't use paper cups. In addition, many coffee shops **offer discounts** for tumbler users.

- trash 쓰레기
- disposable product 일회용품
- tumbler 텀블러

아니요. 저는 쓰레기를 줄이는 것이 최고의 방법이라고 생각합니다. 우리는 일회용품을 쓰지 않도록 노력해야 합니다. 요즘 많은 사람들은 텀블러를 가지고 다닙니다. 그 방법으로 그들은 종이컵을 사용하지 않아도 됩니다. 게다가, 많은 커피숍들은 텀블러를 사용하는 사람들에게 할인을 제공합니다.

🔑 Key Expressions

try not to ~	~하지 않으려고 노력하다
carry A with B	B가 A를 가지고 다니다
offer discounts	할인을 제공하다

  **try not to (~하지 않으려고 노력하다)** vs. **don't try to (~하려고 하지 않다)**
- I **try not to** scratch. 나는 긁지 않으려고 노력하고 있다.
- **Don't try to** disturb others. 다른 사람을 방해하려고 하지 마라.

핵심표현 다지기 A

원어민의 음성을 듣고 빈 칸을 채운 후 나만의 답변을 완성해 보세요. 🎧 SPA17_A

SAMPLE ANSWER 1

Yes, I think recycling is the best way. We can _____ natural resources and _____ our _____ by recycling. Also, we can recycle easily at home. We can separate materials and use recycling bins. Buying products _____ recycled materials is another easy way to recycle.

👆 **Pronunciation Tips**
- recycling [riːsáikliŋ]
- natural [ˈnætʃrəl]
- resource [ríːsɔːrs]
- separate [ˈseprət]
- material [məˈtɪriəl]

MY ANSWER 1

SAMPLE ANSWER 2

No, I think reducing trash is the best way. We should _____ use disposable products. Many people these days _____ their tumblers _____. That way, they don't use paper cups. In addition, many coffee shops _____ for tumbler users.

👆 **Pronunciation Tips**
- reduce [rɪˈduːs]
- disposable product [dɪˈspoʊzəbl ˈprɑːdʌkt]
- tumbler [ˈtʌmblə(r)]
- coffee [ˈkɔːfi]

MY ANSWER 2

Expression Checkup

1. I always _____ my phone _____ me. 나는 항상 휴대폰을 가지고 다닌다.
2. I _____ _____ _____ sleep late. 나는 늦게 자지 않으려고 한다.

① carry / with ② try not to

UNIT 17 Environment

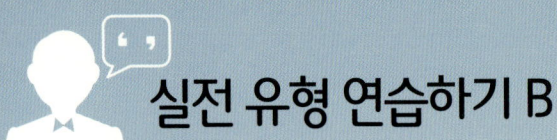

실전 유형 연습하기 B

Q2 Why is it important to save energy? 에너지를 절약하는 것이 중요한 이유는 무엇인가요?

SAMPLE ANSWER 1

Saving energy helps the environment. Making energy requires precious natural resources, such as coal, oil, and gas. Therefore, using less energy lets us preserve these resources. Also, they would last longer for our descendants.

precious 소중한
descendant 후손

에너지를 절약하는 것은 환경보호에 일조합니다. 에너지를 만들려면 석탄, 석유, 가스 같은 소중한 천연자원이 필요합니다. 따라서 에너지를 덜 쓰는 것은 이러한 자원들을 보존하도록 해줍니다. 또한 그것들은 우리의 후손들을 위해 더 오래 지속될 것입니다.

🔑 Key Expressions

such as ~	~와 같은
let A B	A를 B하게 하다
last longer	더 오래 유지[지속]되다

 let + 사람(목적격 대명사) + 동사원형

○ Let John **do** it. 존이 그것을 하도록 해라.
✗ Let John **to do** it.

SAMPLE ANSWER 2

Energy is not free. We pay for the energy we use. So, wasting energy is the same as wasting money. Wasting energy is not good for the environment either. We depend on energy to keep our lives convenient. But this energy cannot be replaced.

free 무료의
waste 낭비하다
replace 대체하다

에너지는 공짜가 아닙니다. 우리는 우리가 사용하는 에너지에 대해 비용을 냅니다. 따라서, 에너지를 낭비하는 것은 돈을 낭비하는 것과 같습니다. 에너지 낭비는 환경에도 좋지 않습니다. 우리는 일상을 편리하게 유지하기 위해 에너지에 의존합니다. 그러나 에너지는 대체될 수 없습니다.

🔑 Key Expressions

pay for ~	~에 대해 값을 지불하다
be the same as ~	~와 같다
depend on ~	~에 의존하다

 pay for + 명사 vs. pay to + 동사

○ I **pay for** public transportation. 나는 대중 교통비를 낸다.
○ I **pay to** take a bus. 나는 버스를 타기 위해 비용을 지불한다.

핵심표현 다지기 B

원어민의 음성을 듣고 빈 칸을 채운 후 나만의 답변을 완성해 보세요. 🎧 SPA17_B

SAMPLE ANSWER 1

Saving energy helps the environment. Making energy requires precious natural resources, _____ coal, oil, and gas. Therefore, using less energy _____ us _____ these resources. Also, they would _____ for our descendants.

👆 **Pronunciation Tips**
- environment [ɪn|vaɪrənmənt]
- require [rɪ|kwaɪə(r)]
- precious [|preʃəs]
- descendant [dɪ|sendənt]

MY ANSWER 1

SAMPLE ANSWER 2

Energy is not free. We _____ the energy we use. So, wasting energy is _____ wasting money. Wasting energy is not good for the environment either. We _____ energy to keep our lives convenient. But this energy cannot be replaced.

👆 **Pronunciation Tips**
- free [fri:]
- waste [weɪst]
- either [|aɪðə(r);|i:ðə(r)]
- replace [rɪ|pleɪs]

MY ANSWER 2

Expression Checkup

1. Please let me _____ your car. 내가 당신 차를 운전하게 해주세요.
2. How much did she _____ _____ her house? 그녀는 그녀의 집에 얼마를 지불했습니까?

① drive ② pay for

핵심 표현 사전

환경 관련 이슈

Our society and industry depend on a large amount of energy.	우리 사회와 산업은 많은 양의 에너지에 의존하고 있다.
Finding alternative energy is important to preserve our environment.	대체 에너지를 찾는 것은 우리의 환경을 보호하기 위해 중요하다.
Global warming leads to the rising temperatures of the earth.	지구 온난화는 지구의 온도 상승을 이끈다.
We are facing a shortage of resources such as water, fuel, and food.	우리는 물, 연료, 그리고 식량과 같은 자원 부족에 직면하고 있다.
Fossil fuel consumption results in the emission of Greenhouse gasses.	화석연료 소비는 온실가스 배출을 초래한다.
Usage of plastics and disposable products creates a large amount of waste.	플라스틱과 일회용품 사용은 많은 양의 쓰레기를 만든다.
Acid rain can cause serious effects on our health.	산성비는 우리의 건강에 심각한 영향을 미칠 수 있다.
We should drive less and make fewer emissions.	우리는 운전을 덜하고 배기가스 배출을 줄여야 한다.
People can save energy by using less heat and air conditioning.	사람들은 난방과 에어컨 사용을 줄임으로써 에너지를 절약할 수 있다.
I try to save electricity and energy by always turning off lights after work.	나는 항상 일을 마치고 불을 꺼서 전기와 에너지를 절약한다.
You should share information about recycling and energy conservation with others.	당신은 재활용과 에너지 보존에 관한 정보를 다른 사람들과 공유해야 한다.
Choosing reusable products instead of disposable ones can reduce waste.	일회용품 대신 재사용이 가능한 제품을 선택하는 것은 쓰레기를 줄일 수 있다.

UNIT 18 Work / Job I

SPA 시험 특성상 일과 직업에 관련된 질문이 빠질 수 없습니다. Personal Question에서는 직업관을 공부했다면 이번에는 직업과 직무에 대한 사회 전반에 걸친 이슈와 업무 환경에 대한 질문을 다루도록 하겠습니다. 모두 출제 빈도가 높은 부분이므로 꼼꼼하게 준비하도록 합시다.

질문 유형 파악하기

How important do you think customer service is to a company?
고객 서비스가 기업에 얼마나 중요하다고 생각하나요?

Talk about one advantage and one disadvantage of working for a large company.
대기업에 근무하는 것의 장단점을 하나씩 말해 보세요.

Some people claim they are good at multi-tasking. What does "multi-tasking" mean to you?
어떤 사람들은 스스로 멀티 태스킹에 능하다고 주장합니다. '멀티 태스킹'은 당신에게 무엇을 의미하나요?

A successful salesperson should know the strengths and weaknesses of major competing products. Do you agree or disagree with this statement?
성공적인 영업사원은 주요 경쟁 상품의 장단점을 알아야 합니다. 이 의견에 동의하시나요, 반대하시나요?

Would you work a graveyard shift if the pay is double your normal wage?
만약 월급이 두 배가 된다면 야간근무를 하실 건가요?

Talk about your view on gender equality in your workplace. 당신 직장에서의 남녀 평등에 대한 견해를 말씀해 주세요.

Do you think flextime will be used by many companies in Korea? Why or why not?
한국에서 탄력적 근무 시간제가 많은 기업들에서 쓰일 거라고 생각합니까? 그 이유는 무엇인가요?

It is impossible to have a successful career and a happy family life. You have to choose one or the other. Do you agree or disagree with this statement?
출세와 행복한 가정 생활을 함께 누리는 것은 불가능합니다. 당신은 한 가지를 선택해야 합니다. 이 의견에 동의하시나요, 반대하시나요?

At what age do people usually begin to work in your country? 당신 나라에서는 사람들이 몇 살에 일하기 시작합니까?

관련 어휘 파악하기

customer service [|kʌstəmə(r) |s3:rvɪs]	고객 서비스	**competing product** [kəmpi:tɪŋ |prɑ:dʌkt]	경쟁 제품
large company [lɑ:rdʒ |kʌmpəni]	대기업	**graveyard shift** [|greɪvjɑ:rd ʃɪft]	(교대) 야간근무
multi-tasking [|mʌlti |tæskɪŋ]	다중 작업	**gender equality** [|dʒendə(r) i|kwɑ:ləti]	남녀 평등
salesperson [|seɪlzp3:rsn]	판매원, 영업사원	**workplace** [|w3:rkpleɪs]	직장, 업무 현장
strength [streŋθ]	장점, 힘	**career** [kə|rɪr]	직업, 사회생활
weakness [|wi:knəs]	약점	**success** [sək|ses]	성공

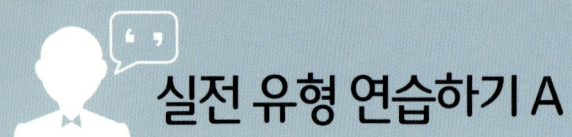

실전 유형 연습하기 A

Q1 **How important do you think customer service is to a company?**
고객 서비스가 기업에 얼마나 중요하다고 생각하나요?

SAMPLE ANSWER 1

High-quality customer service helps to create customer loyalty. Loyal customers will more likely **make a purchase** again in the future. Customer service generates **word of mouth** and a good reputation. After all, it can lead a business to success.

- **customer loyalty** 고객 충성도
- **generate** 만들어내다
- **reputation** 평판

높은 질의 고객 서비스는 고객 충성도를 쌓는 데 도움이 됩니다. 단골 고객들은 미래에 재구매할 가능성이 큽니다. 고객 서비스는 입소문과 좋은 평판을 만듭니다. 결국 이것은 사업을 성공으로 이끌 수 있습니다.

🔑 Key Expressions

make a purchase	물건을 사다
word of mouth	입소문; 사람들의 입에서 입으로(구전의)

 make a purchase는 목적어가 따로 필요없지만 purchase(구매하다)는 반드시 목적어가 필요!
- I **made a purchase** on the Internet. 나는 인터넷에서 구매했다.
- I usually **purchase** clothes on the Internet. 나는 주로 인터넷에서 옷을 구매한다.

SAMPLE ANSWER 2

I think customer service helps a company **gain an advantage over** competitors. Customers today are not only interested in the product but they also consider the additional element of service **along with** the product.

- **competitor** 경쟁자
- **consider** 고려하다
- **additional** 추가적인
- **element** 요소, 성분

제 생각에 고객 서비스는 한 회사가 경쟁사보다 우위를 차지하는 데 도움이 됩니다. 요즘 고객들은 제품에만 관심을 두지 않습니다. 그들은 또한 제품과 함께, 서비스의 추가적인 요소도 고려합니다.

Key Expressions

gain[get] an advantage over somebody	~보다 우위를 차지하다
along with ~	~와 마찬가지로

 get along with(~와 잘 지내다) vs. along with(~와 함께)
- They **get along with** each other. 그들은 서로 잘 지낸다.
- The dress comes **along with** the belt. 그 드레스는 벨트와 함께 따라온다. (드레스에 벨트도 포함되어 있다)

핵심표현 다지기 A

원어민의 음성을 듣고 빈 칸을 채운 후 나만의 답변을 완성해 보세요. 🎧 SPA18_A

SAMPLE ANSWER 1

High-quality customer service helps to create customer loyalty. Loyal customers will more likely _____ again in the future. Customer service generates _____ and a good reputation. After all, it can lead a business to success.

👆 **Pronunciation Tips**
- loyalty [|lɔɪəlti]   • loyal [|lɔɪəl]   • generate [|dʒenəreɪt]   • reputation [|repju|teɪʃn]

MY ANSWER 1

SAMPLE ANSWER 2

I think customer service helps a company _____ over competitors. Customers today are not only interested in the product but they also consider the additional element of service _____ the product.

👆 **Pronunciation Tips**
- competitor [kəm|petɪtə(r)]   • additional [ə|dɪʃənl]   • element [|elɪmənt]

MY ANSWER 2

Expression Checkup

1. The news about her spread by _____ _____ mouth.
   그녀의 소식은 사람들의 입에서 입으로 퍼졌다.
2. He went to London _____ _____ his parents.   그는 부모님을 따라 런던으로 갔다.

① word of ② along with

실전 유형 연습하기 B

Q2 **Talk about one advantage and one disadvantage of working for a large company.** 대기업에 근무하는 것의 장단점을 하나씩 말해 보세요.

SAMPLE ANSWER 1

Large companies have more employees. On that account, I can quickly widen my technical contacts as I move to other companies. Also, you can learn more about the industry. However, it is more competitive when getting a promotion at a large company.

employee 직원
widen 넓히다
competitive 경쟁적인

대기업은 더 많은 직원들이 있습니다. 그 때문에, 저는 제가 다른 회사로 옮길 때 기술적인 연락망을 빨리 넓힐 수 있습니다. 또한, 당신은 그 산업에 대해 더 많이 배울 수 있습니다. 그러나 대기업에서는 승진할 때 경쟁이 더 치열합니다.

Key Expressions

on that account	그 때문에
get a promotion	승진하다

Tips

get a promotion (= get promoted) vs. promote someone to ~

○ She **got promoted** to a manager. 그녀는 매니저로 승진했다.
✗ She **promoted** to a manager. ('승진하다'는 항상 수동태로 써야 한다.)

promote를 능동태로 쓰면 '승진시키다' 라는 뜻

○ The president **promoted** her to a director. 사장은 그녀를 관리자로 승진시켰다.

SAMPLE ANSWER 2

There are more opportunities for promotion due to the large number of employees. But you tend to only be assigned to a specific type of work. This makes it difficult to gain a wide range of experience and skills.

promotion 승진
be assigned to ~에 배정받다
gain 얻다, 쌓다

직원 수가 많기 때문에 승진을 위한 기회가 더 많습니다. 그러나 당신은 특정 종류의 일만을 배정받는 경향이 있습니다. 이것은 다양한 경험과 기술을 쌓는 것을 어렵게 만듭니다.

Key Expressions

due to ~	~ 때문에
tend to ~	~하는 경향이 있다
a wide range of ~	광범위한, 다양한 ~

Tips

due to vs. because of (~때문에)

○ She was late **because of** a traffic jam. 그녀는 교통체증 때문에 늦었다.
  〈because of는 be late(동사)를 수식하는 부사 역할〉

○ Her lateness to work is mainly **due to** a traffic jam. 그녀의 지각은 주로 교통체증 때문이다.
  〈due to는 her lateness(명사)을 수식하는 형용사 역할〉

핵심표현 다지기 B

원어민의 음성을 듣고 빈 칸을 채운 후 나만의 답변을 완성해 보세요. 🎧 SPA18_B

SAMPLE ANSWER 1

Large companies have more employees. _____, I can quickly widen my technical contacts as I move to other companies. Also, you can learn more about the industry. However, it is more competitive when _____ at a large company.

👆 **Pronunciation Tips**
- employee [ɪm|plɔɪ:] • widen [|waɪdn] • technical [|teknɪkl] • contact [|kɑ:ntækt]
- industry [|ɪndəstri] • competitive [kəm|petətɪv]

MY ANSWER 1

SAMPLE ANSWER 2

There are more opportunities for promotion _____ the large number of employees. But you _____ only be assigned to a specific type of work. This makes it difficult to gain _____ experience and skills.

👆 **Pronunciation Tips**
- promotion [prə|moʊʃn] • assign [ə|saɪn] • specific [spə|sɪfɪk] • gain [geɪn] • skill [skɪl]

MY ANSWER 2

Expression Checkup

1. I will _____ _____ to a manager next year. 나는 내년에 매니저로 승진할 것이다.

2. She _____ _____ eat too much junk food. 그녀는 정크푸드를 너무 많이 먹는 경향이 있다.

❶ be promoted / get a promotion ❷ tends to

핵심 표현 사전

직업 / 업무

A positive work environment makes employees feel good about coming to work.	긍정적인 업무 환경은 직원들이 일하러 오는 것을 기분 좋게 만든다.
There has to be a balance between work and personal life.	일과 개인 생활의 균형이 있어야 한다.
A good working atmosphere depends on good communication.	좋은 업무 분위기는 좋은 의사소통에 의존한다.
Flexible working hours can save commuting time and fuel costs.	유연한 근무 시간은 출퇴근 시간과 연비를 절약할 수 있게 한다.
Many employees have extended hours at work.	많은 직원들이 직장에서 추가 근무를 한다.
High wages make people more productive and loyal to a company.	높은 월급은 사람들이 더 생산적이고 회사에 충실하게 한다.
Salary is the main criteria of accepting or declining a job offer.	연봉은 일자리 제의를 수용하거나 거절하는 주요한 기준이다.
Most people are not efficient at multi-tasking.	대부분의 사람들은 다중 작업에 능하지 못하다.
Multi-tasking prevents boredom and helps people learn how to deal with distractions.	다중 작업은 지루함을 막아주고 집중을 방해하는 것을 어떻게 다루는지를 배우는 데 도움이 된다.
Your attention can be divided between several tasks.	다른 업무들로 당신의 주의력은 분산될 수 있다.

UNIT 19 Work / Job II

업무는 관련 산업에서 더 나아가 사회적으로도 직·간접적인 영향을 미칩니다. 특히 출산과 육아는 업무 조건과 제도에 있어서 남녀를 불문하고 중요한 이슈입니다. 이번 Unit에서는 이러한 사회적, 국가적 차원의 시스템까지 포함한 주제를 다루도록 하겠습니다.

질문 유형 파악하기

What is your view on a person getting plastic surgery to become better looking, so that it increases his or her chances of getting a job?
취직 가능성을 높이기 위해 더 나은 외모로 성형수술을 받는 사람들에 대한 당신의 견해는 어떻습니까?

In your opinion, what motivates employees the most to work harder? Why?
당신 생각에, 직원들이 더 열심히 일하도록 가장 동기를 부여하는 것은 무엇인가요? 그 이유는 무엇인가요?

Many companies today adopt telecommuting systems to increase work efficiency. Do you agree or disagree with these systems? Why? 오늘날 많은 기업들이 업무 효율을 증대시키기 위해 재택근무제를 도입합니다. 당신은 이 제도에 찬성하나요, 반대하나요? 그 이유는 무엇입니까?

How is job satisfaction in Korea in terms of salary? Please talk about it with examples.
한국은 급여 면에서 직업 만족도가 어떻습니까? 사례를 들어 말씀해 주세요.

Which do you think is more important for a professional working environment, excellent compensation or a good benefits package?
전문적인 근무 환경에 있어, 높은 급여와 좋은 복지 제도 중 무엇이 더 중요하다고 생각하나요?

How do you think working hours influence work efficiency and productivity?
근무 시간이 업무 효율과 생산성에 어떤 영향을 미친다고 생각하나요?

Employee turnover rate varies widely in occupations and industries. How do you think employee turnover rate affects companies?
직원 이직률은 직종과 산업에 따라 다릅니다. 직원 이직률이 기업에 어떤 영향을 미친다고 생각하나요?

In your opinion, how can companies reduce employee turnover?
기업이 직원 이직률을 어떻게 줄일 수 있다고 생각하나요?

Parental leave or family leave is an employee benefit so parents can care for a child or make arrangements for the child's welfare. Do you think the regulations on parental leave should be strengthened? 육아휴직은 부모들이 아이들을 돌보거나 아이의 행복을 위해 준비할 수 있도록 하는 직원 복지 제도입니다. 육아휴직에 대한 규제가 강화되어야 한다고 생각하나요?

Do you think there is a relationship between birth rate and labor laws? Why do you think so?
출산율과 노동법 간에 관련성이 있다고 생각합니까? 왜 그렇게 생각하나요?

관련 어휘 파악하기

plastic surgery [ˈplæstɪk ˈsɔːrdʒəri]	성형 수술	**turnover** [ˈtɜːrnoʊvə(r)]	이직률
adopt [əˈdɑːpt]	도입하다	**regulation** [ˌreɡjuˈleɪʃn]	규정, 규제
job satisfaction [dʒɑːb ˌsætɪsˈfækʃn]	직업 만족도	**parental leave** [pəˈrentl liːv]	육아 휴직
compensation [ˌkɑːmpenˈseɪʃn]	보상	**strengthen** [ˈstreŋθn]	강화시키다
occupation [ˌɑːkjuˈpeɪʃn]	직업	**birth rate** [bɜːrθ reɪt]	출생률, 출산율

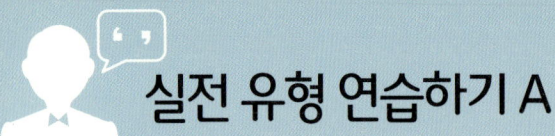

실전 유형 연습하기 A

Q1 What is your view on a person getting plastic surgery to become better looking, so that it increases his or her chances of getting a job?
더 나은 외모를 위해, 그래서 취직 가능성을 높이기 위해 성형수술을 받는 사람들에 대한 당신의 견해는 어떻습니까?

SAMPLE ANSWER 1

I have a positive view on plastic surgery. You can gain self-confidence if you feel good about yourself. A confident person can perform better. Therefore, you can do better during interviews and have a better chance of getting a job.

confidence 자신감
perform 수행하다

저는 성형수술에 관해 긍정적인 관점을 가지고 있습니다. 만약 당신이 자신에 대해 좋게 느낀다면 당신은 자신감을 가질 수 있습니다. 자신감 있는 사람은 일을 더 잘 수행할 수 있습니다. 그러므로 당신은 인터뷰를 더 잘할 수 있고 일자리를 얻을 가능성이 커질 것입니다.

🔑 Key Expressions

a positive view on ~	~에 대한 긍정적인 관점
gain self-confidence	자신감을 얻다
have a better chance of -ing	~할 가능성이 더 높다

 Tips

동사 + better (더 잘 ~하다)
- You can concentrate **better**. 너는 집중을 더 잘할 수 있다.
- You will draw **better**. 너는 더 잘 그릴 것이다.

SAMPLE ANSWER 2

I don't agree with getting plastic surgery to get a better chance for a job. I think all that matters is your self-esteem. People can look different by using only their facial expressions. If you have a positive mind, it will change how you look and impress interviewers.

self-esteem 자부심, 자존감
facial expression 표정
interviewer 면접관

저는 더 좋은 취업 기회를 위한 성형 수술에 동의하지 않습니다. 제 생각에 가장 중요한 것은 자존감입니다. 사람들은 그들의 표정만으로도 달라 보일 수 있습니다. 만약 당신이 긍정적인 사고를 가졌다면 그것은 당신의 외모를 변화시킬 것이고, 면접관들에게 깊은 인상을 줄 것입니다.

🔑 Key Expressions

all that matters	중요한 것, 문제가 되는 것
look different	달라 보이다
have a positive mind	긍정적인 마음가짐을 갖다

 Tips

mind: 마음, 정신(명사) vs. 언짢아하다, 상관하다(동사)
- I have peace of **mind**. 나는 마음이 편하다.
- He wouldn't **mind** the noise. 그는 소음에 개의치 않을 것이다.

핵심표현 다지기 A

원어민의 음성을 듣고 빈 칸을 채운 후 나만의 답변을 완성해 보세요. 🎧 SPA19_A

SAMPLE ANSWER 1

I have _____ on plastic surgery. You can gain _____ if you feel good about yourself. A confident person can perform better. Therefore, you can do better during interviews and have a _____ getting a job.

👆 **Pronunciation Tips**
- plastic surgery [|plæstɪk |sɜːrdʒəri]
- confident [|kɑːnfɪdənt]
- perform [pərˈfɔːrm]
- better [|betə(r)]

MY ANSWER 1

SAMPLE ANSWER 2

I don't agree with getting plastic surgery to get a better chance for a job. I think _____ is your self-esteem. People can _____ by using their facial expressions. If you have a _____, it will change how you look and impress interviewers.

👆 **Pronunciation Tips**
- think [θɪŋk]
- facial expression [|feɪʃl ɪkˈspreʃn]
- impress [ɪmˈpres]
- interviewer [|ɪntərvjuːə(r)]

MY ANSWER 2

Expression Checkup

1. You will have a _____ _____ of seeing him. 너는 그를 볼 가능성이 더 커질 것이다.
2. _____ _____ _____ is love. 중요한 것은 사랑이다.

① better chance ② All that matters

UNIT 19 Work / Job II

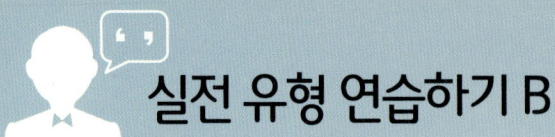

실전 유형 연습하기 B

Q2 In your opinion, what motivates employees to work harder?
당신 생각에, 직원들이 더 열심히 일하도록 동기를 부여하는 것은 무엇인가요? 그 이유는 무엇인가요?

SAMPLE ANSWER 1

I think higher pay motivates employees to work harder. We work to earn money. So, money can make your job more enjoyable. Actually, as an incentive program, employees receive a bonus from their companies. Getting a promotion can also mean getting a pay raise.

motivate	동기 부여하다
earn	벌다
incentive	장려책

저는 임금 인상이 직원들이 더 열심히 일할 수 있는 동기를 부여해 준다고 생각합니다. 우리는 돈을 벌기 위해 일합니다. 그래서 돈은 당신의 일을 더 즐길 수 있도록 해줍니다. 실제로 동기 부여책으로, 직원들은 회사에서 보너스를 받습니다. 승진 역시 봉급 인상을 의미할 수 있습니다.

🔑 Key Expressions

make ~ more enjoyable   ~을 더 즐길 수 있도록 만들다
get a pay raise   월급이 오르다

get a raise (임금이 인상되다) → pay를 생략하고 쓰는 경우가 더 많다.
- When do I **get a (pay) raise**? 저는 언제 월급이 오르나요?
- You will **get a (pay) raise** next year. 당신은 내년에 임금이 오를 것입니다.

SAMPLE ANSWER 2

In my point of view, a trustworthy leader motivates employees the most. If the leader wins the trust of his employees, they will be more motivated to achieve goals. Trust is a powerful motivational tool. Furthermore, direct feedback and being honest in communication can encourage people to reach the next level.

trustworthy	신뢰할 수 있는
trust	신뢰
powerful	강력한
tool	도구
encourage	격려하다

제 관점에서는 신뢰할 수 있는 리더가 직원들을 가장 동기 부여해 준다고 생각합니다. 만약에 리더가 직원의 신뢰를 얻는다면, 그들은 목표를 이루기 위해 더욱 의욕이 생길 것입니다. 신뢰는 강력한 동기부여의 도구입니다. 게다가 직접적인 피드백과 의사소통에서의 솔직함은 사람들이 다음 수준에 도달하도록 용기를 북돋아 줍니다.

🔑 Key Expressions

in my point of view,   제 의견으로는,
direct feedback   직접적인 피드백
reach the next level   다음 수준에 도달하다

motivational: 동기부여를 하는 (형용사)
- This is a great **motivational** book. 이것은 훌륭한 동기부여 책이다.
- She is one of the most famous **motivational** speakers in the world.
  그녀는 세계에서 가장 유명한 동기부여 연설가 중 한 명이다.

핵심표현 다지기 B

원어민의 음성을 듣고 빈 칸을 채운 후 나만의 답변을 완성해 보세요. 🎧 SPA19_B

SAMPLE ANSWER 1

I think higher pay motivates employees to work harder. We work to earn money. So, money can _____ your job _____. Actually, as an incentive program, employees receive a bonus from their companies. Getting a promotion can also mean getting a _____.

👆 **Pronunciation Tips**
- higher [ˈhaɪə(r)]   • harder [ˈhɑːdə(r)]   • incentive [ɪnˈsentɪv]   • program [ˈproʊɡræm]   • bonus [ˈboʊnəs]

MY ANSWER 1

SAMPLE ANSWER 2

In my _____, a trustworthy leader motivates employees the most. If the leader wins the trust of his employees, they will be more motivated to achieve goals. Trust is a powerful motivational tool. Furthermore, _____ and being honest in communication can encourage people to _____.

👆 **Pronunciation Tips**
- view [vjuː]   • achieve [əˈtʃiːv]   • goal [ɡoʊl]   • powerful [ˈpaʊərfl]   • tool [tuːl]   • encourage [ɪnˈkɜːrɪdʒ]

MY ANSWER 2

Expression Checkup

1. Music _____ my job more _____. 음악은 내 일을 더욱 즐길수 있도록 해준다.

2. His advice helped me reach _____ _____ level.
   그의 충고는 내가 다음 단계로 넘어가는 데 도움이 됐다.

❶ makes / enjoyable ❷ the next

핵심 표현 사전

직업 / 업무

Telecommuting allows people to work at anywhere they want.	재택근무는 사람들이 원하는 곳에서 일할 수 있도록 한다.
Employees can save on their clothing budget because of telecommuting.	직원들은 재택 근무를 함으로써 의류 비용을 절약할 수 있다.
Benefits package minimizes a company's turnover rate.	복리 후생 제도는 회사의 이직률을 최소화한다.
A high turnover causes problems for businesses.	높은 이직률은 사업에 문제를 초래한다.
Finding and training replacement workers costs money.	대체 인력을 찾고 교육시키는 것은 비용이 든다.
Many Korean women don't take maternity leave, but quit their jobs and stay at home.	많은 한국 여성들은 출산 휴가를 내지 않고 직장을 그만두고 집에 있는다.
Parental leave provides unpaid or paid time off from work.	육아 휴직은 무급 또는 유급 휴가를 제공한다.
Some companies pay for a year's maternity leave.	몇몇 회사는 1년간 유급 출산 휴가를 제공한다.
Rewards can increase one's job satisfaction.	포상은 직업 만족도를 높일 수 있다.
A heavy workload leads to stress, being burnt out and decreased job satisfaction.	과중한 업무는 스트레스와 체력 소진으로 연결되어 직업 만족도를 떨어뜨린다.

UNIT 20 My Country

나라의 문화와 이슈에 대해 물어보는 질문입니다. Chapter 1에서와 달리 사회 전반에 걸친 상식이 필요한 질문들에 대비해 둡시다.

🎓 질문 유형 파악하기

Does your country have a huge drinking culture? Please explain in detail.
당신 나라는 과음 문화가 있습니까? 당신 나라의 음주 문화에 대해 말씀해 주세요.

In your opinion, what is the most important current issue in Korea?
당신 생각에 한국에서 현재 가장 중요한 이슈는 뭡니까?

How would you describe the ethnicity of Korea? 한국의 민족성에 대해 말씀해 주시겠어요?

What do you think is the biggest issue in your country this year?
올해 당신 나라에서 가장 큰 이슈는 무엇이라고 생각하나요?

Please tell me about a baby's first birthday celebration in Korea. 한국의 아기 돌잔치에 대해 말씀해 주세요.

How is a Korean traditional wedding ceremony different from a western wedding ceremony?
한국의 전통 혼례는 서양의 결혼식과 어떻게 다른가요?

Do you think gender roles in your country have changed compared to the past?
당신 나라에서 성 역할이 과거에 비했을 때 변했다고 생각하나요?

Many people in Korea live with their parents until they get married. What is your opinion about this culture? 한국의 많은 사람들이 결혼하기 전까지는 부모님과 함께 삽니다. 이에 대한 당신의 의견은 무엇인가요?

Does your country have a specific eating culture? Please talk about the eating culture in your country. 당신 나라는 특정한 식문화가 있나요? 당신 나라의 식문화에 대해 말씀해 주세요.

What are some table manners to keep in mind when you have meals with elderly people in Korea?
한국에서 웃어른들과 식사할 때 일반적인 식사 예절에는 어떤 것들이 있습니까?

🎓 관련 어휘 파악하기

drinking culture [drɪŋkɪŋ ǀkʌltʃə(r)]	음주 문화		**gender role** [ǀdʒendə(r) roʊl]	성 역할
			specific [spəǀsɪfɪk]	특정한
issue [ɪsjuː]	이슈		**eating culture** [ǀiːtɪŋ ǀkʌltʃə(r)]	식문화
ethnicity [eθǀnɪsəti]	민족성		**table manner** [ǀteɪbl ǀmænə(r)]	식사 예절
first birthday celebration [fɜːrst ǀbɜːrθdeɪ ǀselɪǀbreɪʃn]	돌잔치		**meal** [miːl]	식사
traditional [trəǀdɪʃənl]	전통의		**elderly** [ǀeldərli]	연세가 드신
wedding ceremony [ǀwedɪŋ ǀserəmoʊni]	결혼식		**polite** [pəǀlaɪt]	예의 바른

실전 유형 연습하기 A

Q1 Does your country have a huge drinking culture? Please explain in detail. 당신 나라는 과음 문화가 있습니까? 당신 나라의 음주 문화에 대해 말씀해 주세요.

SAMPLE ANSWER 1

Drinking culture in my country is a big part of life. Sometimes it can feel like it's a part of my job. Drinking with superiors can be a big compliment for Korean workers. If your boss constantly refills your cup with alcohol, it is a sign that he or she likes you. Also, it's a chance to bond with them.

drinking culture 음주문화
superior 상사

우리나라의 음주문화는 삶의 큰 부분입니다. 때때로 제 업무의 일부라고 느낄 수도 있습니다. 직장 상사들과의 술자리는 한국 직장인에게는 큰 칭찬입니다. 만약에 당시의 상사가 끊임없이 당신의 잔에 술을 채워 준다면, 그것은 그가 당신을 좋아한다는 표시입니다. 또한 그것은 그들과 유대감을 쌓을 기회입니다.

 Key Expressions

a big compliment	큰 칭찬
It is a sign that ~	~라는 전조이다
bond with ~	~와 유대감을 쌓다

Tips make a compliment to A (A를 칭찬하다)
- My teacher **made a compliment** to me. 선생님께서 나를 칭찬하셨다.
- She always **makes a compliment** to her friends. 그녀는 항상 그녀의 친구들을 칭찬한다.

SAMPLE ANSWER 2

In Korean drinking culture, it is impolite to leave your friend's glass empty. It is also impolite to refuse a drink. That is because it can be seen as turning down generosity. As soon as you empty your glass, it will become full quickly. To cure hangovers, there are many restaurants open early. They sell hangover soups and drinks.

impolite 무례한
refuse 거절하다
a drink 술 한잔
generosity 너그러움, 호의
cure 치유하다
hangover 숙취

한국의 음주 문화에서는 당신 친구의 술잔을 비워두는 것은 무례한 것입니다. 술을 거절하는 것 역시 무례합니다. 그것은 호의를 거부하는 것으로 간주될 수 있기 때문입니다. 당신이 술잔을 비우자마자, 그것은 빠르게 채워질 것입니다. 숙취를 해소하기 위해서 많은 음식점들이 일찍 문을 엽니다. 그들은 해장국과 숙취 음료를 팝니다.

 Key Expressions

leave A empty	A를 비우다
be seen as ~	~로 간주되다
turn down	거절하다

Tips leave one's house empty (~의 집을 비우다)
- He always **leaves** his house **empty**. 그는 항상 집을 비운다.
- It is dangerous to **leave** one's house **empty** at night. 밤에 집을 비우는 것은 위험하다.

핵심표현 다지기 A

원어민의 음성을 듣고 빈 칸을 채운 후 나만의 답변을 완성해 보세요. 🎧 SPA20_A

SAMPLE ANSWER 1

Drinking culture in my country is a big part of life. Sometimes it can feel like it's a part of my job. Drinking with superiors can be a _____ for Korean workers. If your boss constantly refills your cup with alcohol, it is a _____ he or she likes you. Also, it's a chance to _____ them.

👆 **Pronunciation Tips**
- drinking culture [|drɪŋkɪŋ |kʌltʃə(r)]
- superior [su:|pɪriə(r)]
- worker [|wɜ:rkə(r)]
- alcohol [|ælkəhɔ:l]

MY ANSWER 1

SAMPLE ANSWER 2

In Korean drinking culture, it is impolite to _____ your friend's glass _____. It is also impolite to refuse a drink. That is because it can be _____ generosity. As soon as you empty your glass, it will become full quickly. To cure hangovers, there are many restaurants open early. They sell hangover soups and drinks.

👆 **Pronunciation Tips**
- impolite [|ɪmpə|laɪt]
- refuse [rɪ|fju:z]
- generosity [|dʒenə|rɑ:səti]
- hangover [|hæŋoʊvər]

MY ANSWER 2

Expression Checkup

1. Giving a ring is _____ _____ a proposal. 반지를 주는 것은 청혼으로 간주된다.

2. It's a _____ _____ she likes you. 그것은 그녀가 너를 좋아한다는 전조이다.

❶ seen as ❷ sign that

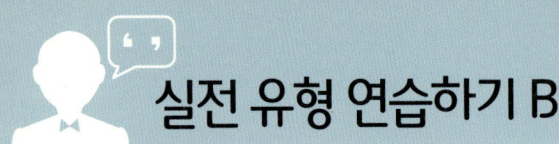

실전 유형 연습하기 B

Q2 In your opinion, what is the most important current issue in Korea?
당신 생각에 한국에서 현재 가장 중요한 이슈는 무엇입니까?

SAMPLE ANSWER 1

Seoul has become one of the most expensive cities to live in the world. The major reason is the cost of housing. Housing prices in attractive areas soared at an extraordinary rate. Attractive areas are often the areas with good schools and education system. Because Koreans take education very seriously.

cost of housing	주거비
housing price	주택 가격
attractive	매력적인
soar	급증하다
extraordinary	놀라운
rate	속도

서울은 살기에 가장 비싼 도시 중 하나가 되었습니다. 주된 이유는 주거비입니다. 인기 있는 지역의 주택 가격은 놀라운 속도로 급상승했습니다. 인기 있는 지역은 주로 좋은 학교와 교육 시스템이 있는 곳입니다. 왜냐하면 한국인들은 교육을 매우 진지하게 생각하기 때문입니다.

🔑 Key Expressions

one of the most ~	가장 ~한 것 중 하나
at an extraordinary rate	놀라운 속도로
take ~ seriously	~을 진지하게 생각하다

 to부정사의 부사적 용법 (~하기에)
- It is too cold **to go** outside. 밖에 나가기에 너무 춥다.
- This book is difficult **to read**. 이 책은 읽기에 어렵다.

SAMPLE ANSWER 2

The most important issue in Korea is the youth unemployment crisis. Its rate is continuing to rise across the country. Many university graduates struggle to get a job and fear for the future. As the Korean economy worsened, the turnover rate decreased. As a result, job hunting became more competitive.

across the country	나라 전반에 걸쳐
graduate	대학 졸업자
turnover	이직, 채용
worsen	악화되다
job hunting	구직
competitive	경쟁적인

한국의 가장 중요한 이슈는 청년 실업난입니다. 실업난의 비율은 나라 전반에 걸쳐 증가하고 있습니다. 많은 대학 졸업자들은 직업을 찾는 데에 고군분투하며 미래를 걱정하고 있습니다. 한국 경제가 악화됨에 따라, 신규 채용 비율이 줄었습니다. 결과적으로 구직 활동 경쟁이 더 치열해졌습니다.

🔑 Key Expressions

youth unemployment crisis	청년 실업난
struggle to ~	~하려고 애쓰다
fear for ~	~를 걱정하다

 fear + 명사[동명사] vs. fear for + 명사
- She **fears** nothing. 그녀는 아무것도 두려워하지 않는다.
- She **fears for** her life. 그녀는 그녀의 생명을 걱정한다.

핵심표현 다지기 B

원어민의 음성을 듣고 빈 칸을 채운 후 나만의 답변을 완성해 보세요. 🎧 SPA20_B

SAMPLE ANSWER 1

Seoul has become _____ expensive cities to live in the world. The major reason is the cost of housing. _____ in attractive areas soared _____. Attractive areas are often the areas with good schools and education system. Because Koreans take education very seriously.

👆 **Pronunciation Tips**
- attractive [ə|træktɪv]
- soar [sɔː(r)]
- education [|edʒu|keɪʃn]
- seriously [|sɪriəsli]

MY ANSWER 1

SAMPLE ANSWER 2

The most important issue in Korea is the youth _____. Its rate is continuing to rise across the country. Many university graduates _____ get a job and _____ the future. As the Korean economy worsened, the turnover rate decreased. As a result, _____ became more competitive.

👆 **Pronunciation Tips**
- continue [kən|tɪnjuː]
- rise [raɪz]
- university [|juː|nɪ|vɜː|rsəti]
- graduate [|grædʒuət]
- economy [ɪ|kɑː|nəmi]
- worsen [|wɜːrsn]

MY ANSWER 2

Expression Checkup

1. You should _____ this _____. 너는 이것을 진지하게 받아들여야 한다.

2. I _____ _____ your safety. 나는 너의 안전을 걱정한다.

① take / seriously ② fear for

UNIT 20 My Country **139**

핵심 표현 사전

관습 관련

People should get up when elderly people get up.	나이 든 사람이 일어날 때 일어나야 한다.
You have to get consent from the whole family for your marriage.	당신은 결혼을 위해 가족 전체의 허락을 받아야 한다.
Women today are actively engaged in a wide variety of fields of business.	요즘 여성들은 넓고 다양한 분야의 사업에서 활약한다.
The marriage represents the joining of two families.	결혼은 두 가족의 결합을 나타낸다.
Many Korean foods are fermented.	많은 한국 음식들은 발효된다.
Politeness is most important during meals with older people.	나이 든 사람과의 식사에서 예절은 가장 중요하다.
People should accept a drink with both hands when they drink with older people.	웃어른과 술을 마실 때에는 두 손으로 받아야 한다.
The bow is the traditional Korean greeting.	절은 한국의 전통 인사이다.
It is considered impolite to call a Korean by his or her given name.	한국 사람을 그들의 이름으로 부르는 것은 무례하게 여겨진다.
Sharing meals is vital to building a friendship.	식사를 함께 하는 것은 우정을 쌓는 데 필수이다.

UNIT 21	그래프 묘사 I : Bar Graph
UNIT 22	그래프 묘사 II : Pie Graph
UNIT 23	사진 묘사 I : 단순 묘사
UNIT 24	사진 묘사 II : 비교 및 대조
UNIT 25	사진 묘사 III : 상품 팔기

CHAPTER 3 Graphs & Pictures

🎓 개요

그래프와 사진 같은 기초 자료가 제시되면, 그래프에서 읽을 수 있는 데이터를 분석하거나, 하나의 사진을 단순 묘사 또는 두 개의 사진을 비교·대조하여 설명하는 유형입니다. 사진 유형의 경우, 주어진 물건을 판매해야 하는 역할극의 고난도 문제도 출제됩니다.

🎓 고득점 전략

사진 및 그래프 묘사 문제는 기본적인 묘사 어휘와 답변 패턴을 익혀야 하지만, 무엇보다 중요한 것은 묘사 순서입니다. 전체 시간을 고려할 때, 답변 시간이 60초를 넘으면 안 되므로 하나하나 말하는 것보다는 객관적이고 일반적인 눈에 잘 띄는 내용부터 차근차근 설명해야 답변의 완성도를 높일 수 있습니다. 답변을 준비할 시간이 따로 주어지지 않으므로 미리 익힌 답변 패턴에 따라 말하면서 다음 말할 것을 생각해 두는 것이 필요합니다.

그래프와 사진에서 **"핵심 포인트"** 를 빨리 파악해서
"간결한 어휘와 문장" 으로 **"미리 준비한 순서대로"**
묘사해야 합니다.

UNIT 21 그래프 묘사 I (Bar Graph)

막대 그래프의 기본 개념과 관련 표현, 답변 순서에 익숙해지는 연습을 합시다.

🎓 막대 그래프

막대그래프는 그래프의 가장 일반적인 형태로서 양의 크기를 막대의 길이로 표현한 것으로, 수량의 상대적 크기를 비교할 때 흔히 사용됩니다.

어느 특정 시점에서의 수량을 상호 비교하고자 할 경우, 여러 가지 통계나 사물의 양을 선, 즉 막대 모양의 길이로 나타내어 알아보기 쉽도록 그림표로 나타냅니다.

🎓 답변 구조 및 표현 익히기

그래프 소개	This is a bar graph about _____그래프 제목_____. 이 막대그래프는 ~에 대한 것이다. It was surveyed among _____조사 대상_____. ~ 대상으로 조사된 것이다.
축 묘사	The vertical axis represents _____. 이 수직축은 ~을 나타낸다. The horizontal axis represents _____. 이 수평축은 ~을 나타낸다.

🎓 막대 그래프 필수 표현

The highest bar is for _____. 가장 높은 막대는 ~이다.
The lowest bar is for _____. 가장 낮은 막대는 ~이다.
The second highest bar is for _____. 두 번째로 높은 막대는 ~이다.
The rest are _____. 나머지는 ~이다.

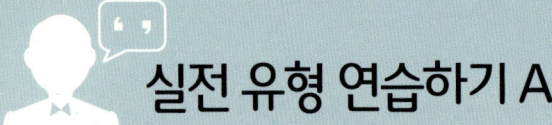

실전 유형 연습하기 A

Q1 Please describe the graph to the best of your ability.

SAMPLE ANSWER

This is a bar graph about "Top 5 vacation destinations". **It was surveyed among** 2,500 adults. **The vertical axis represents** the percentages, **and the horizontal axis represents** the destinations. The most popular place is Australia. The least popular places are France and "others". The rest are Jeju, New Zealand and the USA.

vacation destination 휴가 장소
survey 설문 조사하다
vertical 수직의
axis 중심 축
represent 나타내다
horizontal 수평의
rest 나머지

이 막대 그래프는 상위 5개의 휴가지에 관한 것입니다. 이것은 2,500명의 성인을 설문 조사했습니다. 수직축은 백분율, 수평축은 목적지를 나타냅니다. 가장 인기 있는 곳은 호주입니다. 가장 인기 없는 곳은 프랑스와 기타입니다. 나머지는 제주도, 뉴질랜드, 그리고 미국입니다.

🔑 Key Expressions

The most popular place is ~	가장 인기 있는 장소는 ~이다
The least popular place is ~	가장 인기 없는 장소는 ~이다
The rest is[are] ~	나머지는 ~이다

 Tips 최상급 규칙
- 2음절 이상의 형용사: the most + 형용사
- 2음절 이하의 형용사: the + 형용사 -est / -iest
  - ⭕ **The most expensive** thing is a car. 가장 비싼 것은 차이다.
  - ⭕ **The happiest** moment is now. 가장 행복한 순간은 지금이다.
  - ❌ **The most happiest** moment is now.

144 CHAPTER 3

핵심표현 다지기 A

원어민의 음성을 듣고 빈 칸을 채운 후 나만의 답변을 완성해 보세요. 🎧 SPA21_A

SAMPLE ANSWER

_____ "Top 5 vacation destinations". _____

2,500 adults. _____ the percentages, and _____

the destinations. _____ Australia.

France and "others". _____ Jeju, New Zealand and the USA.

👆 **Pronunciation Tips**

- vacation [vəˈkeɪʃn]
- destination [ˌdestɪˈneɪʃn]
- adult [ˈædʌlt]
- percentage [pərˈsentɪdʒ]

- Australia [ɔːˈstreɪljə]
- France [fræns]
- New Zealand [-ˈziːlənd]

MY ANSWER

_____
_____
_____
_____
_____
_____

Expression Checkup

1. She is the _____ _____ singer in this country. 그녀는 이 나라에서 가장 인기 있는 가수이다.

2. He is _____ _____ man in the world. 그는 세계에서 가장 빠른 남자이다.

❶ most popular ❷ the fastest

UNIT 21 그래프 묘사 I : Bar Graph

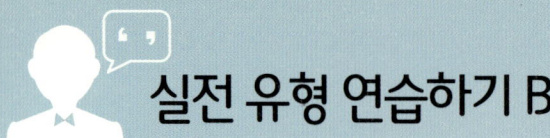

실전 유형 연습하기 B

Q2 Please describe the graph to the best of your ability.

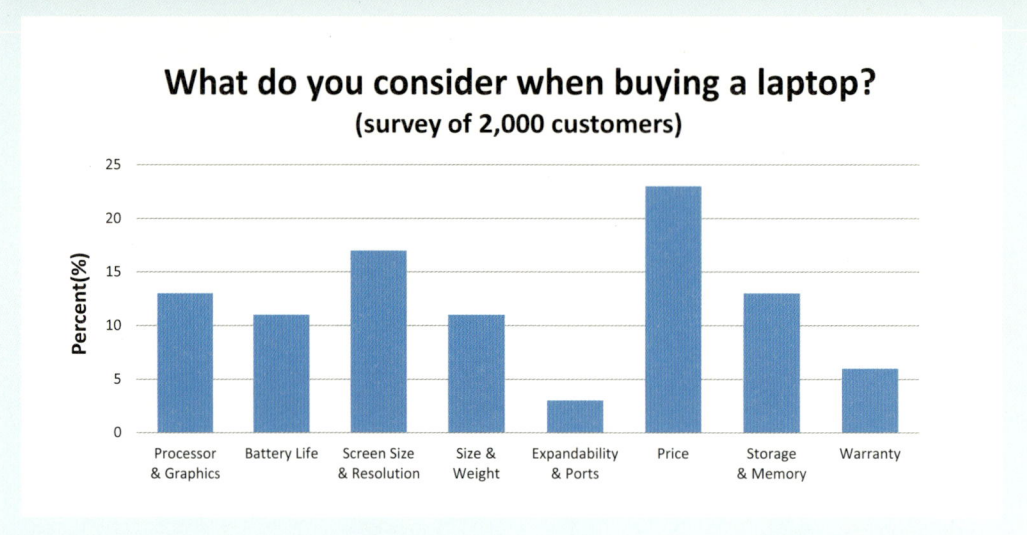

SAMPLE ANSWER

This is a bar graph about "What people consider when buying a laptop". **It was surveyed among** 2,000 customers. **The vertical axis represents** the percentages. **The horizontal axis represents** the aspects being considered. The highest bar is for price. The second highest bar is for screen size & resolution. However, the lowest bar is for expandability & ports.

consider	고려하다
customer	고객
aspect	측면, 양상
processor	프로세서
resolution	해상도
expandability	확장성

이것은 노트북을 살 때 사람들이 고려하는 것에 관한 그래프입니다. 이것은 2,000명의 고객을 설문 조사한 것입니다. 수직축은 백분율을 나타냅니다. 수평축은 고려된 요소를 나타냅니다. 가장 높은 막대는 가격입니다. 두 번째로 높은 막대는 화면 크기와 해상도입니다. 그러나 가장 낮은 막대는 확장성과 포트입니다.

 **Key Expressions**

The highest[lowest] bar	가장 높은[낮은] 막대
The second highest bar	두 번째로 높은 막대
The bar is for ~	그 막대는 ~이다

 전치사 for (~을 위한, ~용, ~에 대해, ~을 대표하여, ~의 뜻으로)
- This is **for** him. 이것은 그를 위한 것이다.
- It is a ticket **for** children. 그것은 어린이용 티켓이다.
- That is all **for** his safety. 그것은 모두 그의 안전에 대한 것이다.
- We should speak **for** them. 우리는 그들을 대표해서 말해야 한다.
- She shook her head **for** "No". 그녀는 '아니다' 라는 뜻으로 머리를 흔들었다.

핵심표현 다지기 B

원어민의 음성을 듣고 빈 칸을 채운 후 나만의 답변을 완성해 보세요. 🎧 SPA21_B

SAMPLE ANSWER

_____ "What people consider when buying a laptop". _____

2,000 customers. _____ the percentages. _____

the aspects being considered. _____ for price. _____

is for screen size & resolution. _____ expandability & ports.

👆 **Pronunciation Tips**

- people [|piːpl]
- consider [kən|sɪdə(r)]
- laptop [|læptɑːp]
- customer [|kʌstəmə(r)]

- aspect [|æspekt]
- resolution [|rezə|luːʃn]
- expandability [ɪkspændə|bɪləti]
- ports [pɔːrts]

MY ANSWER

_____
_____
_____
_____
_____
_____

Expression Checkup

1. Tickets are more expensive _____ adults. 표는 어른용이 더 비싸다.

2. We should go for _____ _____ best. 우리는 차선책을(두 번째로 좋은) 택해야 한다.

❶ for ❷ the second

UNIT 21 그래프 묘사 I : Bar Graph

핵심 표현 사전

그래프 소개 표현

I see a survey graph of ~	~의 설문 그래프가 보인다.
This graph describes ~	이 그래프는 ~을 묘사한다.
The graph shows ~	그래프는 ~을 보여준다.
This is the result of a survey conducted by ~	이것은 ~에 의해 시행된 설문 결과이다.
I will describe a graph about ~	나는 ~에 관한 그래프를 묘사할 것이다.
According to the survey of ~,	~의 설문에 따르면,
This graph informs us that ~.	이 그래프는 우리에게 ~을 알려준다.

그래프 상세 묘사 표현

As you can see,	당신이 보다시피,
I'm sure ~	나는 ~라고 확신한다.
I'd like to point out that ~	나는 ~을 지적하고 싶다.

UNIT 22 그래프 묘사 II (Pie Graph)

원 그래프의 기본 개념과 관련 표현, 답변 순서에 익숙해지는 연습을 합시다.

🎓 막대 그래프

원그래프는 원 전체를 100%로 보고 각 부분의 비율을 원의 부채꼴 면적으로 표현한 것입니다. 전체와 부분, 부분과 부분의 비율을 나타낼 때 사용합니다. 원그래프를 만들 경우 항목은 일반적으로 시계 방향에 따라 크기 순으로 배열합니다. 이것은 도형 넓이로 통계 숫자의 크기를 나타내는 면적 그래프의 일종으로, 각 부분의 비율은 파이 조각 모양으로 나타나기 때문에 파이 도표라고도 합니다.

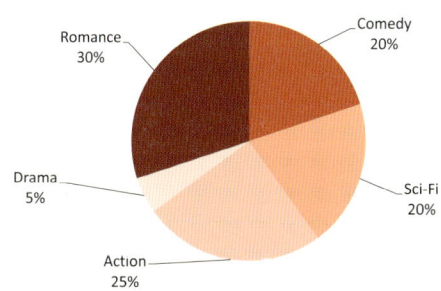

🎓 답변 구조 및 표현 익히기

그래프 소개	This is a pie graph about _____그래프 제목_____. 이 원그래프는 ~에 대한 것이다. It was surveyed among _____조사 대상_____. ~ 대상으로 조사된 것이다.
부분 묘사	The each portion represents _____. 각각의 부분은 ~을 나타낸다.

🎓 파이 그래프 필수 표현

The largest portion is for _____. 가장 큰 부분은 ~이다.
The second largest portion is for _____. 두 번째로 큰 부분은 ~이다.
However, the smallest portion is for _____. 그러나 가장 작은 부분은 ~이다.

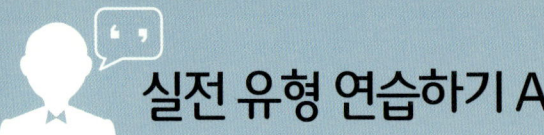

실전 유형 연습하기 A

Q1 Please describe the graph to the best of your ability.

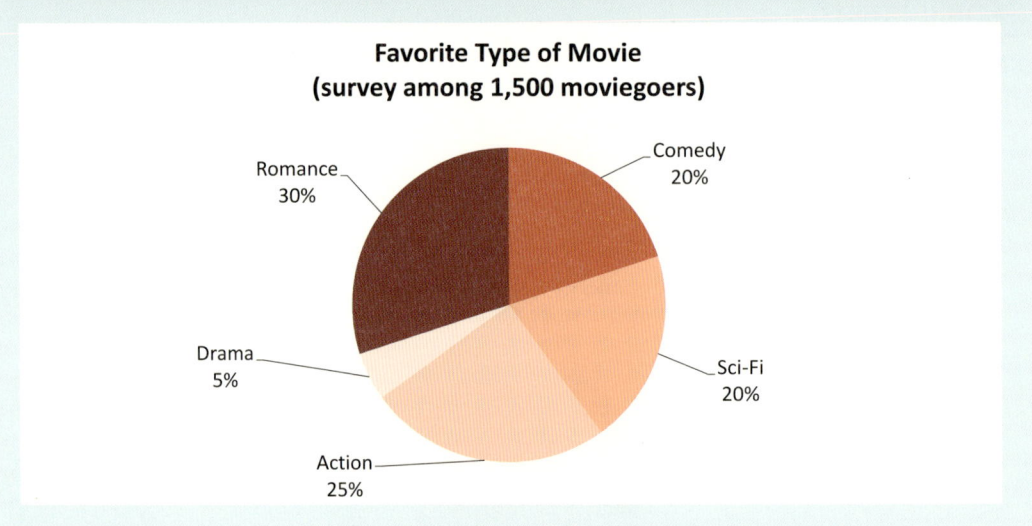

SAMPLE ANSWER

This is a pie graph about "Favorite type of movie". **It was surveyed among** 1,500 moviegoers. **The each portion represents** a genre of movies. **The largest portion is for** romance. **The second largest portion is for** action. **However, the smallest portion is for** drama.

| genre 장르
| moviegoer 영화 관객
| portion 부분, 일부

이것은 좋아하는 영화 타입에 관한 파이 그래프입니다. 이것은 1,500명의 영화 관람객을 설문한 것입니다. 각각의 부분은 영화 장르를 나타냅니다. 가장 큰 부분은 로맨스입니다. 두 번째로 큰 부분은 액션입니다. 그러나 가장 작은 부분은 드라마입니다.

 Key Expressions

-goer   (정기적으로 또는 자주) ~에 다니는 사람
a genre of ~   ~의 장르

 goer 관련 표현
- a good **goer** 움직임이 빠른 사람 / 것
- a church **goer** (일요일마다) 교회에 다니는 사람
- a concert **goer** 콘서트에 가는 사람

핵심표현 다지기 A

원어민의 음성을 듣고 빈 칸을 채운 후 나만의 답변을 완성해 보세요.  SPA22_A

SAMPLE ANSWER

_____ "Favorite type of movie". _____ 1,500 moviegoers. _____ a genre of movies. _____ for romance. _____ for action. _____ is for drama.

👉 **Pronunciation Tips**

- favorite [féivərit]
- type [taɪp]
- movie [|muːvi]
- moviegoer [|muːviɡòuər]
- genre [|ʒɑːnrə]
- romance [|roʊ|mæns]

MY ANSWER

_____
_____
_____
_____
_____

Expression Checkup

1. This is my favorite _____ _____ music. 이것은 내가 가장 좋아하는 음악 장르이다.
2. My husband is a _____ _____. 내 남편은 매주 교회에 가는 사람이다.

❶ genre of ❷ church goer

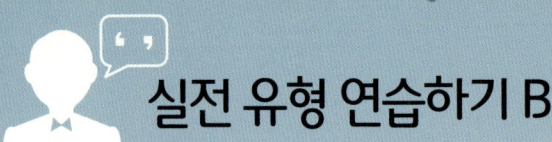

실전 유형 연습하기 B

Q2 Please describe the graph to the best of your ability.

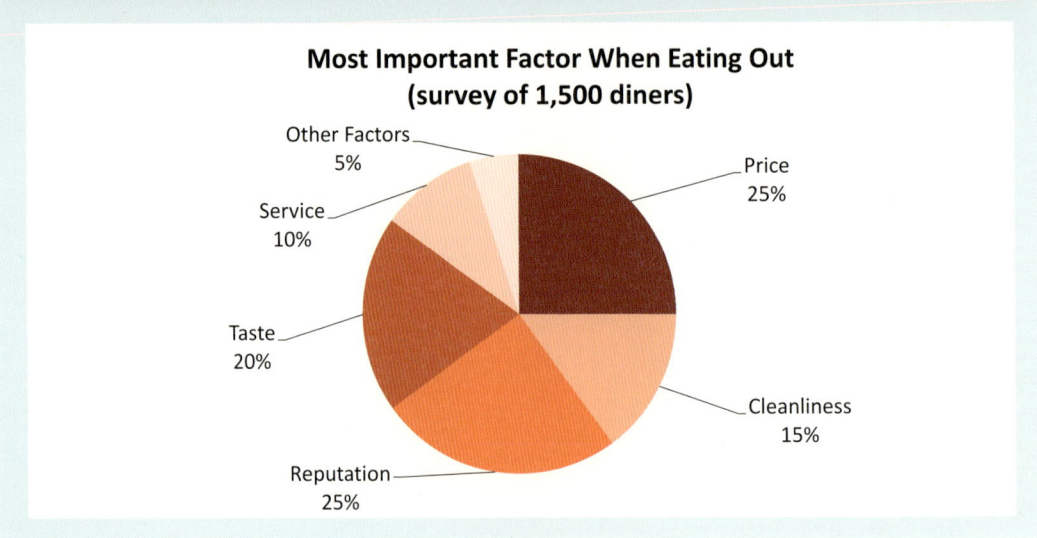

SAMPLE ANSWER

This is a pie graph about "The most important factor when eating out". **It was surveyed among** 1,500 diners. **The each portion represents** the factors. **The largest portions are** for price and reputation. **The second largest portion is** for taste. **However, the smallest portion** other than 'other factors' is for service.

factor 요인
diner (식당에서) 식사하는 사람
reputation 평판

이것은 외식할 때 가장 중요한 요인에 관한 파이 그래프입니다. 이 그래프는 식당에서 식사하는 1,500명을 설문한 것입니다. 각각의 부분은 요인을 나타냅니다. 가장 큰 부분은 가격과 평판입니다. 두 번째로 큰 부분은 맛입니다. 그러나 기타를 제외한 가장 작은 부분은 서비스입니다.

🔑 Key Expressions

when eating out 외식할 때
other than ~ ~이외에

each + 단수 명사 + 단수 동사
○ **Each graph represents** the sales of the company. 각각의 그래프는 그 회사의 매출을 나타낸다.
✗ **Each graphs represent** the sales of the company.

핵심표현 다지기 B

원어민의 음성을 듣고 빈 칸을 채운 후 나만의 답변을 완성해 보세요. 🎧 SPA22_B

SAMPLE ANSWER

This is a pie graph about "The most important factor when eating out". _____ 1,500 diners. _____ the factors. _____ for price and reputation. _____ is for taste. _____ other than 'other factors' is for service.

👉 **Pronunciation Tips**
- factor [|fæktə(r)]
- diner [|daɪnə(r)]
- reputation [|repjuˈteɪʃn]
- taste [teɪst]
- service [|sɜːrvɪs]

MY ANSWER

_____
_____
_____
_____
_____

Expression Checkup

1. There is only one book _____ _____ magazines. 잡지 말고는 1권의 책 밖에 없다.
2. _____ company sends their representatives. 각각의 회사는 그들의 대표를 보낸다.

❶ other than ❷ Each

핵심 표현 사전

그래프 마무리 묘사

To summarize, this graph is that ~.	요약하자면, 이 그래프는 ~이다.
Overall, it is clear ~.	종합적으로, ~은 명백하다.
So we can say ~.	그래서 우리는 ~라고 말할 수 있다.

그래프 세부 묘사

A represents the largest portion.	A는 가장 큰 부분을 나타내고 있다.
A is undoubtedly the smallest portion.	A는 의심할 여지 없이 가장 작은 부분이다.
The chart is divided into ~.	차트는 ~로 나뉘어진다.
A is as big as B.	A는 B만큼 크다.
A is twice as big as B.	A는 B의 2배이다.
A is less than half of B.	A는 B의 절반도 되지 않는다.
It highlights ~.	그것은 ~을 강조한다.

UNIT 23 사진 묘사 I : 단순 묘사

사진 단순 묘사는 답변 내용의 순서와 구성이 어휘만큼이나 중요합니다. 사진의 전체적인 장소와 분위기 묘사를 시작으로 눈에 띄는 사물이나 사람에 대한 상세 묘사를 이어나가면 됩니다. 사람의 동작을 묘사할 때는 현재 진행형(be –ing)을 사용해야 합니다.

답변 구조 및 표현 익히기

사진 소개	This is a picture of _____. 이것은 ~의 사진이다.
사진의 전체 묘사	Many[Some / A number of] people are _____. 많은[몇몇 / 수많은] 사람들이 ~하고 있다.
사진의 세부 묘사	인물 행동 묘사 인물 의상 묘사
배경 및 주변 묘사	There is[are] _____. ~(들)이 있다.

사진 묘사 필수 표현

기본 위치

On the left side of the picture	사진의 왼쪽에
On the right side of the picture	사진의 오른쪽에
In the middle[center] of the picture	사진의 중앙에
In the background of the picture	사진의 배경에
In the foreground of the picture	사진의 전면에
On both sides of the picture	사진의 양쪽에

상세 위치

In the background to the left	배경의 왼쪽으로
In the background to the right	배경의 오른쪽으로
In the far background	먼 배경에
Next to ~	~의 옆에
Behind ~	~의 뒤에
In front of ~	~의 앞에
Across from ~	~의 건너편에

실전 유형 연습하기 A

Q1 Please describe the picture to the best of your ability.

SAMPLE ANSWER

This is a picture of a street. **Many people are** standing or walking around on the sidewalk. It seems that they are waiting for a bus. Most people are wearing casual clothes. **There is** a bus standing on the road. In the background, there are buildings and trees.

walk around 걸어 다니다
sidewalk 인도
casual clothes 평상복

이것은 거리 사진입니다. 많은 사람들이 인도에 서 있거나 걸어 다니고 있습니다. 그들은 버스를 기다리고 있는 것 같습니다. 대부분의 사람들은 평상복을 입고 있습니다. 도로에는 버스가 한 대 서 있습니다. 배경에는 건물과 나무들이 있습니다.

🔑 Key Expressions

on the sidewalk	인도에는
wait for + 명사	~을 기다리다
most people are ~	대부분의 사람들은 ~이다
on the road	도로에는

Tips

It seems that 절 (~인 것 같다)
- **It seems that** he worked all day. 그는 하루 종일 일한 것 같다.
- **It seems that** I made a mistake. 내가 실수한 것 같다.

핵심표현 다지기 A

원어민의 음성을 듣고 빈 칸을 채운 후 나만의 답변을 완성해 보세요.  SPA23_A

SAMPLE ANSWER

_____ a street. _____ standing or walking around on the sidewalk. _____ they are waiting for a bus. _____ wearing casual clothes. _____ a bus standing on the road. _____, there are buildings and trees.

👆 **Pronunciation Tips**

- street [striːt]
- stand [stænd]
- walk around [wɔːkəˈraʊnd]
- sidewalk [sáidwɔ̀ːk]
- casual clothes [|kæʒuəlkloʊðz]
- building [|bɪldɪŋ]

MY ANSWER

_____
_____
_____
_____
_____
_____

Expression Checkup

1. I didn't _____ _____ you. 나는 너를 기다리지 않았다.
2. It _____ _____ he will be late. 그는 늦을 것 같다.

① wait for ② seems that

UNIT 23 사진 묘사 I : 단순 묘사

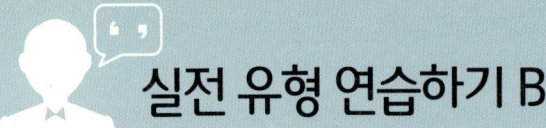

실전 유형 연습하기 B

Q2 Please describe what you see in the picture.

SAMPLE ANSWER

This is a picture of a warehouse store. **Many people are** waiting to **check out**. **In the center**, a cashier is **ringing up** the items. **On the left**, **a woman with a ponytail** is putting a box in the cart. **In the background,** there are many products **piled up**.

warehouse (store) 창고형 할인 매장
cashier 계산원
item 물건
cart 카트

이 사진은 할인 매장의 사진입니다. 많은 사람들이 계산하려고 기다리고 있습니다. 가운데에는 계산원이 물건을 계산하고 있습니다. 왼쪽에는 머리를 묶은 여자가 상자를 카트에 넣고 있습니다. 배경에는 쌓여 있는 많은 제품들이 있습니다.

🔑 Key Expressions

check out	(비용을 지불하고) 나가다
ring up	(상점에서 금전 등록기에 가격을) 입력하다, 계산하다
a woman with a ponytail	묶은 머리의 여자
be piled up	쌓여 있다

a person with ~ (~을 가진 사람)

⭕ There is **a woman with** a ponytail. 머리를 묶은 여자가 있다.
❌ There is **a woman having** a ponytail. 〈have는 소유의 의미를 가질 때 동명사 형태로 쓸 수 없음〉

핵심표현 다지기 B

원어민의 음성을 듣고 빈 칸을 채운 후 나만의 답변을 완성해 보세요. SPA23_B

SAMPLE ANSWER

_____ a warehouse store. _____ waiting to check out. _____, a cashier is ringing up the items. _____, a woman with a ponytail is putting a box in the cart. _____, there are many products piled up.

👆 **Pronunciation Tips**

- warehouse store [|werhaʊsstɔ:(r)]
- check out [|tʃek aʊt]
- cashier [kæ|ʃɪr]
- ponytail [|poʊniteɪl]
- pile [paɪl]

MY ANSWER

_____
_____
_____
_____
_____

Expression Checkup

1. The cashier _____ _____ all the items. 계산원은 모든 상품을 계산했다.
2. Look at the girl _____ _____ ponytail over there! 저기 머리 묶은 소녀 좀 봐!

① rang up ② with a

UNIT 23 사진 묘사 I : 단순 묘사 **159**

핵심 표현 사전

장소 묘사

This is a picture of a store.	이것은 상점 사진이다.
This is a picture of a waterfront.	이것은 물가 사진이다.
This is a picture of a park.	이것은 공원 사진이다.
This is a picture of an office.	이것은 사무실 사진이다.
This is a picture of a street.	이것은 거리 사진이다.
This is a picture taken indoor[outdoor].	이것은 실내[실외]에서 찍힌 사진이다.

인물 묘사 1 – 머리

She has blond hair.	그녀는 금발머리이다.
She has dark[grey] hair.	그녀는 짙은 색[회색] 머리이다.
She has long[short] hair.	그녀는 긴[짧은] 머리를 가지고 있다.
He has curly hair.	그는 곱슬 머리이다.
She has a ponytail.	그녀는 묶은 머리이다.
He has a mustache[beard].	그는 콧수염[턱수염]을 가지고 있다.

인물 묘사 2 – 의상

The woman is wearing a jacket.	여자는 자켓을 입고 있다.
The woman is wearing a black skirt.	여자는 검정 치마를 입고 있다.
The man is wearing a formal suit.	남자는 정장을 입고 있다.
The man is wearing shorts.	남자는 반바지를 입고 있다.
The man is wearing a tie.	남자는 넥타이를 매고 있다.

인물 묘사 3 – 동작

He is holding his cell phone.	그는 그의 휴대폰을 쥐고 있다.
The woman is crouching on the sand.	여자는 모래 위에 쪼그리고 있다.
They are having a meeting.	그들은 회의를 하고 있다.
They are talking on the phone.	그들은 통화를 하고 있다.
They are talking to each other.	그들은 서로 이야기를 하고 있다.
They are sitting around the table.	그들은 테이블에 둘러 앉아 있다.

주변 묘사

There are many books on the desk.	책상 위에 많은 책들이 있다.
There are some baskets on the stand.	가판대에 바구니 몇 개가 있다.
There are many stores.	많은 상점들이 있다.
There are many signboards on the building.	건물에 많은 간판들이 있다.

UNIT 24 사진 묘사 II : 비교 및 대조

단순 사진 묘사에 비해 좀 더 복잡한 문장 구사 능력과 폭넓은 어휘력이 요구되는 유형입니다. 총 2개의 사진이 제시되어, 각각의 사진을 비교 및 대조하라고 하거나, 둘 중 무엇을 선호하는지를 묻기도 합니다. 비교와 대조, 선호도 표현에 쓰이는 기본적인 표현과 패턴을 숙지하면 단순 묘사보다 고득점에 유리한 답변을 만들 수 있습니다.

답변 구조 및 표현 익히기

사진 소개	These two pictures represent _____. 이 두 개의 사진은 ~이다. There is _____ in the picture on the left, and there is _____ in the picture on the right. 사진의 왼쪽에는 ~가 있고, 사진의 오른쪽에는 ~가 있다.
두 사진의 공통점	They are both _____. 둘 다 ~이다.
왼쪽 사진 설명	In the picture on the left, _____. 사진의 왼쪽에는, ~
오른쪽 사진 설명	On the other hand, on the right is _____. 반면에 오른쪽에는, ~

비교 및 대조 필수 표현

비교	
similarly 비슷하게, 마찬가지로	both A and B A와 B 둘 다
alike (아주) 비슷한, 비슷하게	the same ~와 마찬가지로
as A as B B만큼 A한	just as 꼭 ~처럼
likewise 똑같이, 비슷하게	in the same way 같은 방법으로

대조	
in contrast 그에 반해서	on the contrary 그와는 반대로
however 하지만	in spite of ~에도 불구하고
whereas 반면에	instead 대신에
nevertheless ~에도 불구하고	rather 차라리

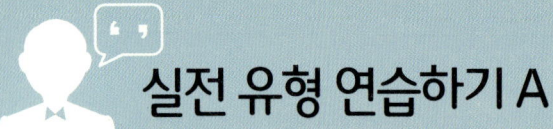

실전 유형 연습하기 A

Q1 Please compare and contrast these two pictures to the best of your ability.

SAMPLE ANSWER

These two pictures represent the cultural food. **There is** a hamburger, fries and a soft drink **in the picture on the left. And there is** Doenjang soup, steamed rice and some side dishes **in the picture on the right. They are both** common meals. **The food on the left** is western food and is called fast food. **On the other hand,** the food **in the picture on the right** is Korean food. They are mostly made of vegetables and are healthy.

fries 감자튀김
soft drink 청량음료
steamed rice 찐 밥

이 두 사진은 문화 음식을 나타냅니다. 왼쪽 그림에는 햄버거, 감자튀김 그리고 음료수가 있습니다. 그리고 오른쪽 그림에는 된장찌개, 밥 그리고 몇 가지 반찬들이 있습니다. 그들은 둘 다 보편적인 식사입니다. 왼쪽 음식은 서양 음식이며 패스트푸드라 불립니다. 반대로 오른쪽 사진의 음식은 한국 음식입니다. 그들은 주로 야채로 만들어졌고 건강에 좋습니다.

🔑 Key Expressions

cultural food	문화 음식
common meals	보편적인 식사
be mostly made of ~	주로 ~로 만들어졌다

 mostly (주로, 일반적으로) vs. **almost (거의)**
- It is **mostly** the models who use this place. 이곳을 사용하는 것은 주로 모델들이다.
- It is **almost** there. 그것은 거기에 거의 다다랐다.

핵심표현 다지기 A

원어민의 음성을 듣고 빈 칸을 채운 후 나만의 답변을 완성해 보세요. 🎧 SPA24_A

SAMPLE ANSWER

_____ the cultural food. _____ a hamburger, fries and a soft drink _____. And there is Doenjang soup, steamed rice and some side dishes _____. _____ common meals. The food on the left is western food and is called fast food. _____, the food _____ is Korean food. They are mostly made of vegetables and are healthy.

👆 Pronunciation Tips

- cultural food [|kʌltʃərəlfu:d]
- hamburger [|hæmbɜ:rgə(r)]
- common meal [|kɑ:mənmi:l]

- fast food [fæstfú:d]
- vegetable [|vedʒtəbl]
- healthy [|helθi]

MY ANSWER

_____
_____
_____
_____
_____

Expression Checkup

1. I study English _____ every day. 나는 거의 매일 영어를 공부한다.
2. This bread is _____ made of rice. 이 빵은 주로 쌀로 만들어졌다.

❶ almost ❷ mostly

UNIT 24 사진 묘사 II : 비교 및 대조

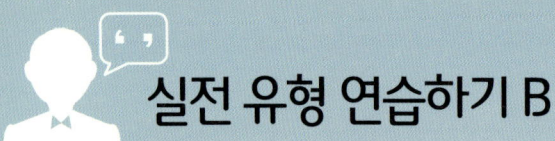

실전 유형 연습하기 B

Q2 Please compare and contrast these two pictures to the best of your ability.

SAMPLE ANSWER

These two pictures represent things to take notes. There is an organizer and a pen in the picture on the left. And there is a tablet PC in the picture on the right. They are both good for organizing schedules. In the picture on the left, the organizer is easy and instant to use. Also, it's cheaper than tablet PC. On the other hand, the tablet PC in the picture on the right is convenient. I can use the Internet and search for information quickly.

take notes 메모하다
organizer 수첩, 다이어리
instant 즉각적인
convenient 편리한

이 두 사진은 메모를 할 수 있는 것들입니다. 왼쪽 사진에는 수첩과 펜이 있습니다. 그리고 오른쪽 사진에는 태블릿 PC가 있습니다. 둘 다 스케줄을 정리하기에 좋습니다. 왼쪽 사진의 수첩은 사용하기 쉽고 간편합니다. 또한 태블릿 PC보다 가격이 저렴합니다. 반면에, 오른쪽 사진의 태블릿 PC는 편리합니다. 인터넷을 사용할 수 있고 정보를 빨리 찾을 수 있습니다.

🔑 Key Expressions

things to take notes   메모할 수 있는 것들
good for organizing schedules   스케줄 정리에 좋은

Tips

things to + 동사원형 : ~하는 것
○ things to ride 탈 것들
○ things to eat 먹을 것들
✗ thing to riding

good for + 명사[동명사] : ~에 좋은
○ good for health 건강에 좋은
✗ good for healthy

핵심표현 다지기 B

원어민의 음성을 듣고 빈 칸을 채운 후 나만의 답변을 완성해 보세요. 🎧 SPA24_B

SAMPLE ANSWER

These two pictures represent things to take notes. _____ an organizer and a pen in the picture on the left. And there is a tablet PC _____. They are both good for organizing schedules. _____, the organizer is easy and instant to use. Also, it's cheaper than tablet PC. _____, the tablet PC in the picture on the right is convenient. I can use the Internet and search for information quickly.

👆 **Pronunciation Tips**

- things [θɪŋz]
- take notes [teɪk noʊtz]
- organizer [ˈɔːrɡənàɪzər]
- tablet [ˈtæblət]
- good for [ɡʊdfɔːr]

- organizing [ˈɔːrɡənaɪzɪŋ]
- instant [ˈɪnstənt]
- cheaper [tʃiːpər]
- convenient [kənˈviːniənt]
- quickly [ˈkwɪkli]

MY ANSWER

_____

_____

_____

_____

_____

Expression Checkup

1. Walking is _____ _____ health. 걷기는 건강에 좋습니다.

2. There are many _____ _____ drink on the table. 테이블에 마실 것이 많습니다.

① good for ② things to

UNIT 24 사진 묘사 II : 비교 및 대조 **165**

핵심 표현 사전

사람

People are wearing summer[winter] clothes.	사람들은 여름[겨울] 옷을 입고 있습니다.
The woman is wearing casual clothes.	여자는 캐주얼 옷을 입고 있습니다.
People are taking a rest.	사람들은 휴식을 취하고 있습니다.
They are playing sports games.	그들은 스포츠게임을 하고 있습니다.
They are both spending their leisure time.	그들은 둘 다 여가시간을 보내고 있습니다.

물건

It is a state of the art machine.	그것은 최신식의 기계입니다.
It is analog[digital].	그것은 아날로그[디지털]입니다.
It is cordless.	그것은 무선입니다.
It is hands-free.	그것은 핸즈프리입니다.
It is manual[automatic].	그것은 수동[자동]입니다.

교통수단

It is faster.	그것은 더 빠릅니다.
It is a high-tech vehicle.	그것은 첨단 기술 차량입니다.
It is more common.	그것은 더 흔합니다.
It is punctual.	그것은 시간을 엄수합니다.

장소

It is crowded.	그곳은 사람들로 붐빕니다.
It is a busy place.	그곳은 바쁜 장소입니다.
It is a lively city.	그곳은 활기 넘치는 도시입니다.
It is beautiful.	그곳은 아름답습니다.
It is ancient.	그곳은 고대의 장소입니다.

UNIT 25 사진 묘사 III : 상품 팔기

상품 팔기는 기본 묘사와 함께 주관적인 묘사를 하며 이 상품을 실제로 파는 역할극 문제입니다. 상품 판매에 사용되는 기본적인 표현들을 익혀두고, 상품의 장점을 부각시키는 방향으로 발화하시면 됩니다.

답변 구조 및 표현 익히기

인사 및 제품 소개	Hello, I am excited to show you this new _____. 안녕하세요, 새로운 이 ~를 보여드리게 되어 기쁩니다.
제품 일반 설명	This _____ is made of _____. 이것은 ~로 만들어졌습니다.
제품 상세 설명	Not only is it _____ but (it is) also _____. 그것은 ~할 뿐만 아니라 ~하기도 합니다. This is an up-to-date _____. 이것은 최신식의 ~입니다.
마무리	Do not hesitate and miss the chance to get this great _____ at a very good price. 좋은 가격에 이 훌륭한 ~을 얻을 기회를 놓치지 마세요. I'm sure you will be satisfied with this product! 당신이 이 제품에 만족하실 것을 확신합니다!

제품 묘사 필수 표현

long-lasting	오래 지속되는	delicate	섬세한, 우아한
easy-to-use	사용하기 쉬운	reliable	믿을 수 있는
convenient	편리한	cool	시원한, 멋진
comfortable	편안한	inexpensive	비싸지 않은
fast	빠른	useful	유용한
affordable	가격이 알맞는	top of the range	최고급의
value for money	가격에 합당한 가치	unique	독특한
rock bottom prices	최저가	superior	우수한

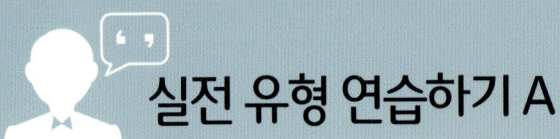

실전 유형 연습하기 A

Q1 Imagine you are a salesperson. Sell the product in the picture.

SAMPLE ANSWER

Hello, **I am excited to** show you this new bag. **This bag is made of** natural leather. It's very soft and comfortable. **Not only is it** comfortable **but it is also** fashionable. **This is an up-to-date** design. You can adjust the length of the strap. **Do not hesitate** and miss the **chance to get this great** bag at a very good price.

natural leather 천연 가죽
fashionable 유행에 따르는
up-to-date 최신식의
adjust 조절하다
length 길이
strap 끈
miss 놓치다

안녕하세요. 저는 당신에게 이 새로운 가방을 보여 드리게 되어 기쁩니다. 이 가방은 천연 가죽으로 만들어졌습니다. 매우 부드럽고 편안합니다. 편안할 뿐만 아니라 유행을 따릅니다. 이 가방은 최신 디자인입니다. 가방 끈의 길이를 조절할 수도 있습니다. 망설이지 말고 좋은 가격에 이 훌륭한 가방을 살 수 있는 기회를 놓치지 마세요.

 Key Expressions

I am excited to ~   ~하기에 흥분되다
do not hesitate   망설이지 마세요

 접미사 '–able' (~ 할 수 있는, ~한 특징을 지닌)
- calcul**able** 계산할 수 있는
- change**able** 변경할 수 있는
- comfort**able** 편안한
- afford**able** 감당할 수 있는

168 CHAPTER 3

핵심표현 다지기 A

원어민의 음성을 듣고 빈 칸을 채운 후 나만의 답변을 완성해 보세요. 🎧 SPA25_A

SAMPLE ANSWER

Hello, _____ show you this new bag. This bag _____ natural leather. It's very soft and comfortable. _____ is it comfortable but it is also fashionable. This is an _____ design. You can adjust the length of the strap. _____ the chance to get this great bag at a very good price.

☞ **Pronunciation Tips**

- natural [ǀnætʃrəl]
- leather [ǀleðə(r)]
- fashionable [ǀfæʃnəbl]

- adjust [əǀdʒʌst]
- length [leŋθ]
- strap [stræp]

MY ANSWER

_____
_____
_____
_____
_____

Expression Checkup

1. I am _____ _____ meet him. 나는 그를 만나는 것이 흥분된다.

2. Do not _____ to contact me any time. 주저하지 말고 언제든지 저에게 연락하세요.

❶ excited to ❷ hesitate

실전 유형 연습하기 B

Q2 Convince me to buy the product in the picture.

SAMPLE ANSWER

Hello, I am excited to show you this new toaster. **This toaster is made of** steel. It's very strong and sanitary. **Not only is it** easy to use **but it is also** a part of interior decoration. **This is an up-to-date** design. You can adjust the temperature of the toaster. **I'm sure you will be satisfied with** this product!

toaster	토스터기
steel	강철
sanitary	위생적인
decoration	장식
temperature	온도
product	제품, 상품

안녕하세요, 저는 당신에게 이 새로운 토스터기를 보여드리게 되어 기쁩니다. 이 토스터기는 강철로 만들어졌습니다. 매우 강하고 위생적입니다. 사용하기 쉬울 뿐만 아니라 인테리어 장식의 일부입니다. 이것은 최신 디자인입니다. 토스터기의 온도를 조절할 수 있습니다. 당신이 이 제품에 만족하실 것을 확신합니다!

🔑 Key Expressions

be made of ~	~로 만들어지다
be satisfied with ~	~에 만족하다

Tips

made of ~ (재료의 형태가 남아 있는 경우) vs. made from ~ (재료의 형태가 변한 경우)

- ⭕ My house was **made of** bricks. 내 집은 벽돌로 지어졌다. 〈벽돌의 형태가 남아 있음〉
- ⭕ Wine is **made from** grapes. 와인은 포도로 만들어진다. 〈포도가 와인으로 형태가 변함〉
- ❌ Cheese is **made of** milk. 치즈는 우유로 만들어진다. 〈우유가 치즈로 변했으므로 made from을 써야 함〉

핵심표현 다지기 B

원어민의 음성을 듣고 빈 칸을 채운 후 나만의 답변을 완성해 보세요. 🎧 SPA25_B

SAMPLE ANSWER

Hello, I am excited to show you this new toaster. This toaster is _____ steel. It's very strong and sanitary. Not only is it easy to use _____ a part of interior decoration. This is an up-to-date design. You can adjust the temperature of the toaster. I'm sure you will be _____ this product!

☞ **Pronunciation Tips**

- steel [stiːl]
- sanitary [ˈsænəteri]
- interior [ɪnˈtɪriə(r)]
- decoration [ˌdekəˈreɪʃn]
- temperature [ˈtemprətʃə(r)]
- product [ˈprɑːdʌkt]

MY ANSWER

_____
_____
_____
_____
_____

Expression Checkup

1. Are you _____ _____ your job? 당신이 하는 일에 만족하시나요?

2. This bread was _____ _____ rye flour. 이 빵은 호밀 가루로 만들어졌다.

① satisfied with ② made from

UNIT 25 사진 묘사 Ⅲ : 상품 팔기

핵심 표현 사전

제품 판매 관련

I am proud to present this product.	나는 이 제품을 자신 있게 선보인다.
This product has been the most popular item.	이 제품은 가장 인기 있는 아이템이다.
This product uses the latest technology.	이 제품은 최신 기술을 사용한다.
I believe its price to be unbeatable.	나는 가격에 있어서 타의 추종을 불허한다고 확신한다.
This is the best product at rock-bottom prices.	이 제품은 최저가의 최상의 제품이다.
This product is superior to all its competitors.	이 제품은 그 어떤 경쟁 제품보다 우수하다.
This is the best value for money in the whole area.	이것은 지역 전체에서 가격 대비 가장 가치가 있다.
This product has been tried and tested by satisfied customers.	이 제품은 만족한 고객들에게 시도되었고 시험되었다.
It is designed by a famous designer.	그것은 유명한 디자이너가 디자인했다.
Good quality and durability are guaranteed.	뛰어난 질과 내구성이 보장된다.

UNIT 26	Free Time Activity
UNIT 27	Health
UNIT 28	People
UNIT 29	Shopping
UNIT 30	Travel

CHAPTER 4 Summary & Retelling

🎓 개요

단서 제공의 또 다른 유형으로, 30초 분량 길이의 지문을 제시한 후 내용을 요약하도록 하는 질문 형식입니다. 시험관이 관련 질문을 이어서 하므로 대비해야 합니다.

🎓 고득점 전략

내용을 듣거나 읽고 이해한 후 요약하는 문제이기 때문에 최고 난이도 유형이라고 할 수 있습니다. 듣기 및 읽기 능력과 어휘 능력이 함께 요구 되는 파트로, 지문 내용을 놓쳤을 경우 당황하여 아무 말도 하지 못하는 경우가 생길 수 있습니다. 따라서 처음 지문을 접할 때에는 전체적인 내용을 파악한 후, 두 번째에는 키워드를 잘 캐치하도록 합시다. 답변을 할 때에는 들었던 단어를 언급하거나 유의어로 바꿔서 말하면 됩니다.

세부적인 내용 파악 보다 **"전반적인 개요"** 파악에 주력!

UNIT 26 Free Time Activity

지문 듣기 연습

빈 칸에 들어갈 단어 위주로 들어봅시다. 🎧 SPA26_1~2

Q1

_____ is a rather _____ form of living outdoors. It gives people the opportunity to _____ in nature or in the wilderness. Some people start their camping by spending a night in a tent _____ and end up going on a trip that _____. Each year, millions of people go camping. They can _____ surroundings and be _____ at the same time.

popular form	인기 있는 형태
in their own backyard	그들의 뒤뜰에서
end up -ing	결국 ~하게 되다
millions of ~	무수히 많은 ~
explore new surroundings	새로운 환경을 탐험하다

Q2

A _____ offers a chance to _____ from your _____ for a while. You can _____ in a quiet and _____. Nowadays, people go on a vacation to escape from their every day _____ lifestyle. It is an opportunity to unwind and relax. It is also a good way to _____ and _____ your current situation. Most people prefer to go on a vacation _____.

step away from ~	~로부터 벗어나다
reflect your current situation	현재 상황을 깊이 생각하다
take stock of	찬찬히 살펴보다
go on a vacation	휴가 가다

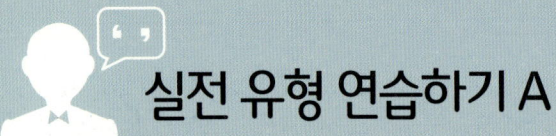

실전 유형 연습하기 A

Q1 Listen to the passage and summarize it to the best of your ability.

Camping is a rather popular form of living outdoors. It gives people the opportunity to spend their free time in nature or in the wilderness. Some people start their camping by spending a night in a tent in their own backyard and end up going on a trip that may last for several weeks. Each year, millions of people go camping. They can explore new surroundings and be close to nature at the same time.

| rather 꽤 |
| form 형태 |
| opportunity 기회 |
| wilderness 황야 |
| outdoors 야외에서 |
| surroundings 환경 |

캠핑은 꽤 인기있는 형태의 야외에서의 생활입니다. 그것은 사람들에게 자연 또는 황야에서 자유 시간을 보낼 수 있는 기회를 줍니다. 몇몇 사람들은 그들의 캠핑을 뒤뜰 텐트에서 하루 지내는 것을 시작해, 몇 주가 될지 모르는 여행을 갑니다. 매년 수많은 사람들이 캠핑을 갑니다. 그들은 새로운 환경을 탐험하고 동시에 자연과도 가까워집니다.

SAMPLE ANSWER

This passage is about camping. Many people enjoy camping. They can have **free time in nature**. People can start camping in their backyard. **Later on**, they can go traveling for many weeks. Campers increase every year because they can **be closer to** the nature and experience new things. **Actually, I have never gone camping before. I think I should try going camping this year.**

| passage 구절 |
| backyard 뒤뜰 |
| camper 캠핑객 |

이 글은 캠핑에 관한 것입니다. 많은 사람들이 캠핑을 즐깁니다. 그들은 자연에서 자유 시간을 보냅니다. 사람들은 그들의 뒤뜰에서 캠핑을 시작할 수 있습니다. 후에 그들은 몇 주 동안 여행을 갈 수도 있습니다. 캠핑객들은 매년 증가합니다. 왜냐하면 그들은 자연과 가까워질 수 있고 새로운 것을 경험할 수 있기 때문입니다. 사실 저는 캠핑을 가본 적이 없습니다. 올해에는 캠핑을 가봐야겠습니다.

🔑 Key Expressions

free time in nature	자연에서의 자유 시간
later on,	나중에, 후에
be closer to ~	~에 더 가까워지다

~is about + 명사 (~는 ~에 관한 것이다)
- The book **is about** love. 그 책은 사랑에 관한 것이다.
- This movie **is about** her life. 이 영화는 그녀의 삶에 관한 것이다.

176 CHAPTER 4

나만의 표현으로 요약하기 A

지문을 다시 들어보고 요약하는 연습을 해봅시다. 🎧 SPA26_A

SAMPLE ANSWER

This passage is about

Actually, I have

Expression Checkup

1. They live _____ _____. 그들은 자연에서 산다.

2. I want to be _____ _____ you. 나는 너와 더 가까워지고 싶다.

❶ in nature ❷ closer to

UNIT 26 Free Time Activity

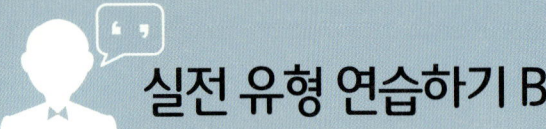

실전 유형 연습하기 B

Q2 Listen to the passage and summarize it to the best of your ability.

A vacation offers a chance to step away from your daily life for a while. You can rest in a quiet and peaceful environment. Nowadays, people go on a vacation to escape from their every day hectic lifestyle. It is an opportunity to unwind and relax. It is also a good way to reflect and take stock of your current situation. Most people prefer to go on a vacation with their family or friends.

escape 벗어나다
hectic 정신 없이 바쁜
unwind 긴장을 풀다

휴가는 당신의 일상 생활에서 잠시 동안 벗어나 있을 기회를 제공합니다. 당신은 조용하고 평화로운 환경에서 쉴 수 있습니다. 요즘, 사람들은 그들의 정신 없이 바쁜 일상에서 탈출하려고 휴양을 떠납니다. 그것은 긴장을 풀고 쉴 수 있는 기회입니다. 그것은 또한 당신의 현재 상황을 깊이 생각하고 되돌아볼 수 있는 방법입니다. 대부분의 사람들은 혼자 휴가 가는 것을 선호합니다.

SAMPLE ANSWER

This passage is about vacations. These days, people **go on a** vacation to **get away from** their daily lives. Taking a vacation is a good way to relax. Also, it is a good time to think about your life. Most people like to spend their vacation **with family or friends. Actually, I haven't taken a vacation for several years. I think I should try going on a vacation this year.**

daily life 일상

이 글은 휴가에 관한 것입니다. 요즘은 사람들이 일상으로부터 벗어나기 위해 휴가를 갑니다. 휴가를 가는 것은 쉴 수 있는 좋은 방법입니다. 또한 당신의 삶을 생각하기에 좋은 때이기도 합니다. 대부분의 사람들은 다른 사람들과 함께 가는 것보다 혼자 휴가 가는 것을 좋아합니다. 사실 저는 몇 년 동안 휴가를 가본 적이 없습니다. 올해에는 휴가를 가보도록 해야겠습니다.

🔑 Key Expressions

go on a vacation   휴가 가다
get away from ~   ~에서 도망치다, 벗어나다

현재 완료의 부정 : have + never + p.p (결코 ~ 해 본 적 없다)
- I **have never talked** to her before. 나는 그녀에게 결코 말해 본 적이 없다.
- They **have never experienced** it. 그들은 그것을 결코 경험해 본 적이 없다.

나만의 표현으로 요약하기 B

지문을 다시 들어보고 요약하는 연습을 해봅시다. 🎧 SPA26_B

🔊

SAMPLE ANSWER

This passage is about

Actually, I haven't

Expression Checkup

1. I want to _____ _____ from here. 나는 여기에서 벗어나고 싶다.

2. Tom has _____ _____ to New York. 톰은 뉴욕에 가본 적이 결코 없다.

① get away ② never been[gone]

UNIT 26 Free Time Activity

Retelling 복습

실전 유형 A

From the passage

Camping is **popular.**
spend their free time
end up going on a trip
Each year, millions of people go camping.
explore new surroundings

Paraphrased

Many people **enjoy** camping.
have their free time
Later on, they eventually go on a trip
Campers **increase every year**.
experience new things

실전 유형 B

From the passage

step away from ~ **everyday life**
rest in **quiet and peaceful surroundings**
reflect and **take stock of** your current **situation**

prefer to go on a vacation by themselves

Paraphrased

get away from ~ **daily lives**
quiet **place** to **relax**
think about your **life**

like to go on a vacation by themselves
rather than with other people

UNIT 27 Health

지문 듣기 연습

빈 칸에 들어갈 단어 위주로 들어봅시다. SPA27_1~2

Q1

Everyone knows that _____ is _____. All forms of exercise are good. It could be a simple _____. Or it could be a _____ at a gym. Exercise increases your overall health and your sense of _____. It adds an _____ to your step. When you exercise, your body _____. This hormone makes you _____. It also _____.

heavy workout	격렬한 운동
well-being	행복, 웰빙
extra bounce	여분의 활기
releases a hormone	호르몬을 발산하다
improves your mood	기분을 향상시키다

Q2

Most people _____ normally if they do not get a _____. This also happens if our regular _____ is disrupted. People usually feel tired but do not actually know the cause of it. Now, scientists have discovered the exact reason. About 10% of our body's approximate 24,000 _____ if our regular 24-hour cycle is _____. Many of the genes switch off if our body does not follow a regular _____. This can cause parts of our _____ to become less efficient, making us tired and more susceptible to _____.

function normally	정상적으로 기능하다
regular 24-hour cycle	규칙적인 24시간 순환
switch off	신경을 끄다
a regular sleeping pattern	규칙적인 수면 패턴
susceptible to ~	~에 민감한, 걸리기 쉬운

실전 유형 연습하기 A

Q1 Listen to the passage and summarize it to the best of your ability.

Everyone knows that exercise is good for your health. All forms of exercise are good. It could be a simple walk around a park. Or it could be a heavy workout at a gym. Exercise increases your overall health and your sense of well-being. It adds an extra bounce to your step. When you exercise, your body releases a hormone. This hormone makes you feel good. It also improves your mood.

overall 전체의
sense 감각
add 더하다
bounce 활기
mood 기분, 분위기
hormone 호르몬

모두들 운동이 건강에 좋다는 것을 압니다. 모든 형태의 운동은 좋습니다. 그것은 단순히 공원 둘레를 걷는 것일 수 있습니다. 또는 그것은 헬스클럽에서의 심한 운동일 수 있습니다. 운동은 당신의 전반적인 건강과 행복감을 증가시킵니다. 그것은 당신의 걸음걸이에 활기를 한층 더해 줍니다. 당신이 운동할 때 당신의 몸은 호르몬을 발산합니다. 이 호르몬은 당신이 좋은 기분을 느끼게 해줍니다. 그것은 또한 당신의 기분을 향상 시킵니다.

SAMPLE ANSWER

This passage is about exercise. We all know that exercise is good for us. We can exercise in many different ways. It could be a short walk or an intense workout in the gym. Exercise is good for our body and mind. Also, our body produces a hormone when we exercise. It can give you a great feeling and more energy. **Actually, I have not been exercising regularly. I think I should try exercising every day from now on.**

intense 강렬한
workout 운동
gym 헬스클럽
mind 마음, 정신
regularly 규칙적으로

이 글은 운동에 관한 것입니다. 우리는 모두 운동이 우리에게 좋다는 것을 압니다. 당신을 많은 다양한 방법으로 운동을 할 수 있습니다. 운동은 짧은 산책 또는 헬스클럽에서의 강렬한 운동이 될 수도 있습니다. 운동은 당신의 몸과 마음에 좋습니다. 또한 우리의 몸은 운동할 때 호르몬을 생성합니다. 그것은 당신에게 더 많은 에너지를 주고 또한 좋은 기분을 선사합니다. 사실, 저는 규칙적으로 운동을 하지 않습니다. 이제부터 운동을 매일 해야겠습니다.

🔑 Key Expressions

in many ways	많은 방법으로, 많은 면에서
It could be ~	~일 수 있다
give ~ a great feeling	~에게 좋은 느낌을 주다

 work out vs. exercise: '운동[하다]'의 뜻으로 의미는 같으나 회화에서는 work out을 더 많이 사용한다.
- I **work out** every day. 나는 매일 운동한다.
- I **exercise** every day.

나만의 표현으로 요약하기 A

지문을 다시 들어보고 요약하는 연습을 해봅시다. SPA27_A

SAMPLE ANSWER

This passage is about

Actually, I have not

Expression Checkup

1. It _____ _____ a good sign. 그것은 좋은 징조일 수 있다.

2. Computers are useful in _____ _____. 컴퓨터는 많은 면에서 유용하다.

① could be ② many ways

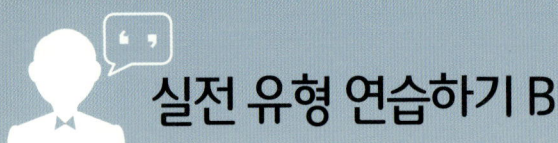

실전 유형 연습하기 B

Q2 Listen to the passage and summarize it to the best of your ability.

Most people do not function normally if they do not get a good night's sleep. This also happens if our regular 24-hour cycle is disrupted. People usually feel tired but do not actually know the cause of it. Now, scientists have discovered the exact reason. About 10% of our body's approximate 24,000 genes are damaged if our regular 24-hour cycle is interrupted. Many of the genes switch off if our body does not follow a regular sleeping pattern. This can cause parts of our immune system to become less efficient, making us tired and more susceptible to illnesses.

function 기능하다
normally 정상적으로
disrupt 방해하다
discover 발견하다
gene 유전자
immune system 면역계
susceptible 걸리기 쉬운

대부분의 사람들은 잠을 제대로 못 자면 정상적으로 기능하지 못합니다. 이것은 또한 우리의 규칙적인 24시간 순환이 깨져도 일어나는 현상입니다. 사람들은 대개 피곤함을 느끼지만 실제로 그 원인을 알지 못합니다. 이제, 과학자들이 그 정확한 이유를 찾아냈습니다. 만약 우리의 규칙적인 24시간 순환이 깨지면, 우리 몸의 대략 24,000 유전자의 약 10 퍼센트가 손상됩니다. 만약 신체가 규칙적인 수면 패턴을 따르지 않는다면 많은 유전자가 작동을 멈춥니다. 이것은 우리의 면역계 일부를 덜 효율적으로 만들고 우리를 피곤하고 질병에 취약하게 만듭니다.

SAMPLE ANSWER

This passage is about sleep. If we don't get a good night's sleep, we have trouble with our daily activities. This can happen because our schedule is upset. Most people don't know what causes tiredness. Scientists have found us a reason. Around 10% of our 24,000 genes can be harmed and switched off if our usual schedule is disturbed. This can make parts of our immune systems not work as well and eventually make us tired and more likely to get sick. **Actually, I haven't gotten an enough sleep these days. I think I should try getting a good sleep from now** on.

trouble 문제
upset 뒤집힌
tiredness 피곤함
around 대략
gene 유전자
disturb 방해하다
immune 면역의

이 글은 잠에 관한 것입니다. 만약에 우리가 숙면을 취하지 않는다면 우리의 일상에 문제가 생깁니다. 이것은 우리의 스케줄이 잘못되기 때문에 일어날 수 있습니다. 대부분의 사람들은 무엇이 피곤함을 야기하는지 모릅니다. 과학자들이 그 이유를 우리에게 찾아주었습니다. 만약 일상의 스케줄이 깨지면, 24,000개 유전자의 대략 10 퍼센트가 해를 입을 수 있고 그 기능을 멈출 수 있습니다. 이것은 우리의 면역계 일부를 잘 작동하지 않게 하고 우리를 피곤하고 아프게 할 가능성을 더 크게 합니다. 사실 저는 요즘, 충분한 수면을 취하지 못하고 있습니다. 지금부터는 숙면을 취하도록 노력해야겠습니다.

🔑 Key Expressions

get a good night's sleep	숙면을 취하다
daily activities	일상 활동
can be harmed	해로울 수 있다

관계부사 What (무엇을)

- I don't know **what** to do. 나는 무엇을 해야할지 모르겠다.
- She will tell him **what** to wear. 그녀는 그에게 무엇을 입어야 할지 말해줄 것이다.

나만의 표현으로 요약하기 B

지문을 다시 들어보고 요약하는 연습을 해봅시다. 🎧 SPA27_B

SAMPLE ANSWER

This passage is about

Actually, I haven't

Expression Checkup

1. Your body can _____ _____ from heavy work. 과중한 업무는 몸에 해로울 수 있다.

2. Please tell me _____ to do. 내가 무엇을 해야 할지 말해 주세요.

① be harmed ② what

Retelling 복습

실전 유형 A

From the passage
Everyone knows that
all forms of exercise
simple walk
heavy workout
increases your overall **health**
your **sense**
extra bounce to your step
releases a hormone
mood

Paraphrased
We all know that
exercise **in many different ways**
short walk
intense workout
good for your **body**
your **mind**
more energy
produces a hormone
feeling

실전 유형 B

From the passage
do not function normally
cycle is **disrupted**
the cause of it
have **discovered**
regular 24-hour cycle
become less efficient
more susceptible to illnesses

Paraphrased
have trouble with our daily activities
our **schedule** is **upset**
what causes
have **found**
usual schedule
not work well
more likely to get sick

UNIT 28 People

지문 듣기 연습

빈 칸에 들어갈 단어 위주로 들어봅시다. 🎧 SPA28_1~2

Q1

Michael owns a _____. He _____ apples and oranges. Last summer, there was a _____ in his village. Most of his fruit _____. He did not have many apples and oranges to sell. As a result, he _____ a lot of money last summer. Now, he may have to _____ for a loan. He is ashamed to go to the bank _____. He regrets that he did not start a _____.

a big flood	큰 홍수
became rotten	썩어버리다
earn a lot of money	많은 돈을 벌다
for a loan	대출을 위해
start a savings account	저축예금을 들다

Q2

Adam has a _____. However, he is not able to get a good night's sleep because of a dog. His new neighbor has a dog. The dog _____ at night because it _____. Adam will _____ tomorrow. He hopes that his new neighbor will _____ his dog.

is not able to	~할 수 없다
get a good night's sleep	밤에 숙면을 취하다
keep ~ awake	~를 깨어 있게 하다
all night	밤새
understand	이해하다

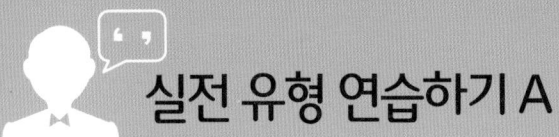

실전 유형 연습하기 A

Q1 Listen to the passage and summarize it to the best of your ability.

Michael owns a fruit farm. He grows and sells apples and oranges. Last summer, there was a big flood in his village. Most of his fruit became rotten. He did not have many apples and oranges to sell. As a result, he could not earn a lot of money last summer. Now, he may have to go to a bank for a loan. He is ashamed to go to the bank for a loan. He regrets that he did not start a savings account.

own 소유하다
grow 기르다
flood 홍수
loan 대출
ashamed 부끄러운
savings account 저축 예금

마이클은 과일 농장을 소유하고 있습니다. 그는 사과와 오렌지를 키우고 팝니다. 작년 여름, 마을에 큰 홍수가 났습니다. 그의 과일 대부분이 썩었습니다. 그는 팔 오렌지와 사과가 많이 없었습니다. 그는 작년에 많은 돈을 벌지 못했습니다. 이제, 그는 은행에 대출을 받으러 가야 할지도 모릅니다. 그는 은행에 대출 받으러 가는 것이 부끄럽습니다. 그는 저축예금을 들어두지 않은 것을 후회합니다.

SAMPLE ANSWER

This story is about Michael, a farm owner. He owns a fruit farm that sells apples and oranges. Last summer, there was a flood in his village, so he had to throw away most of his fruit. He didn't have any fruit to sell, so he couldn't make a lot of money. He has to go to a bank to ask for a loan, so he feels embarrassed. He feels sorry that he didn't start a savings account. **Actually, I have not been saving much lately. I think I should try starting a new savings account this month.**

owner 주인, 소유주
embarrassed 당황스러운

이 이야기는 농장 주인인, 마이클에 관한 것입니다. 마이클은 사과와 오렌지를 파는 과일 농장을 소유하고 있습니다. 작년 여름, 홍수가 나서 그는 과일 대부분을 버려야 했습니다. 그는 팔 과일이 많지 않아 많은 돈을 벌지 못했습니다. 그는 대출을 받으러 은행에 가야 해서 당황스럽습니다. 그는 저축을 하지 않은 것이 안타깝습니다. 사실 최근 저는 많이 저축을 하지 않았습니다. 저는 이번 달에 새로운 저축 예금을 시작해야겠습니다.

🔑 Key Expressions

throw away	버리다
ask for ~	~을 청구하다, 요구하다
feel sorry that	~을 안타깝게 여기다

명사 상당어구가 동격으로 쓰인 경우
- Susan, **a daughter of the president**, is missing. 사장의 딸인 수잔이 실종된 상태이다.
- Tom, **a famous doctor**, is getting married. 유명한 의사인 톰이 결혼한다.

나만의 표현으로 요약하기 A

지문을 다시 들어보고 요약하는 연습을 해봅시다. 🎧 SPA28_A

SAMPLE ANSWER

This story is about

Actually, I have not

Expression Checkup

1. We should _____ _____ things we cannot reuse. 우리는 재사용할 수 없는 것들을 버려야 한다.

2. She _____ _____ more food. 그녀는 음식을 더 요구했다.

① throw away ② asked for

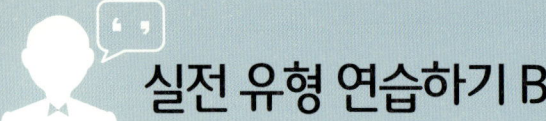

실전 유형 연습하기 B

Q2 Listen to the passage and summarize it to the best of your ability.

Adam has a new neighbor. However, he is not able to get a good night's sleep because of a dog. His new neighbor has a dog. The dog keeps him awake at night because it barks all night. Adam will speak to his neighbor tomorrow. He hopes that his new neighbor will understand and train his dog.

awake 깨어있는
bark 짖다
train 훈련하다

아담은 새로운 이웃이 생겼습니다. 그러나 그는 그 이웃의 개 때문에 밤에 잠을 제대로 잘 수 없습니다. 그의 새로운 이웃은 애완견을 가지고 있습니다. 그 개가 밤새 짖기 때문에 그를 밤에 깨어 있게 합니다. 아담은 내일 그의 이웃에게 말할 것입니다. 그는 그의 새 이웃이 이해하고 그의 개를 훈련시키기를 희망합니다.

SAMPLE ANSWER

This story is about Adam's new neighbor. Adam is **having trouble sleeping** because of his new neighbor's dog. The dog barks during the night, so Adam can't sleep well. He will talk to his neighbor tomorrow and **hopes that** his new neighbor will understand and make his dog quiet. **Actually, I also have a dog and he barks all the time. I think I should train him right away.**

right away 즉시

이 이야기는 아담의 새 이웃에 관한 것입니다. 아담은 그의 새 이웃이 기르는 개 때문에 잠을 자는 데 어려움을 겪고 있습니다. 그 개는 밤새 짖어서 아담은 잠을 제대로 잘 수 없습니다. 그는 내일 그의 이웃에게 말할 것입니다. 그리고 그가 이해하고 그의 개를 조용하도록 만들 것을 희망합니다. 사실 저도 개를 기르고 있고, 그는 항상 짖습니다. 저도 당장 개를 훈련시켜야겠습니다.

 Key Expressions

have trouble -ing	~하는 데 어려움을 겪다
hope that + 주어 + 동사	~하기를 희망하다

be having trouble with + 명사
- He **is having trouble** with his dog. 그는 그의 개 때문에 애를 먹고 있다.
- He **is having trouble** training his dog. 그는 그의 개를 훈련하는 데 애를 먹고 있다.

나만의 표현으로 요약하기 B

지문을 다시 들어보고 요약하는 연습을 해봅시다. 🎧 SPA28_B

SAMPLE ANSWER

This story is about

Actually, I also

Expression Checkup

1. I _____ _____ she will not be late. 나는 그녀가 늦지 않기를 희망한다.

2. John is _____ _____ finding a solution. 존은 해결책을 찾는 데 어려움을 겪고 있다.

① hope that ② having trouble

Retelling 복습

실전 유형 A

From the passage

earn a lot of money
ashamed
regrets

Paraphrased

make a lot of money
embarrassed
feels sorry

실전 유형 B

From the passage

is not able to
get a good night's sleep
keeps him awake
speak to
train his dog

Paraphrased

is having trouble
sleeping well
can't sleep well
talk to
make his dog quiet

UNIT 29 Shopping

지문 듣기 연습

빈 칸에 들어갈 단어 위주로 들어봅시다. SPA29_1~2

Q1

Many people do their _____. It is convenient and _____. However, there are also dangers _____ online shopping. Sometimes, you _____ your items at all. There are many _____. You have to be _____. Nevertheless, there are also many _____. You can get _____ when you shop from them online.

save time	시간을 절약하다
dangers associated with	~와 연관된 위험들
at all	전혀, 아예
online scams	온라인 신용 사기
online businesses	온라인 비즈니스
fantastic deals	환상적인 거래

Q2

Jane recently _____. The dealer told her the car never _____. She _____ for it. A week later, the car _____ in the middle of a highway. She _____ the car had two _____ before she bought it. She was _____ the dealer.

a used car	중고차
paid ~ dollars for ~	~에 ~ 달러를 지불했다
broke down	고장 났다
found out later that	나중에 ~을 알게 됐다

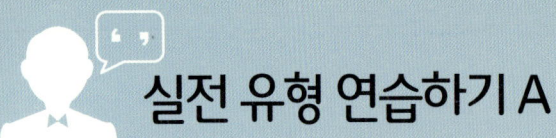

실전 유형 연습하기 A

Q1 Listen to the passage and summarize it to the best of your ability.

Many people do their shopping through the Internet. It is convenient and it saves time. However, there are also dangers associated with online shopping. Sometimes, you may not receive your items at all. There are many online scams. You have to be careful of them. Nevertheless, there are also many good online businesses. You can get fantastic deals when you shop from them online.

associate 연관 짓다
scam 신용 사기
deal 거래

많은 사람들은 인터넷으로 쇼핑을 합니다. 그것은 편리하고 시간을 절약해 줍니다. 그러나 온라인 쇼핑에 관련된 위험도 있습니다. 때때로 당신은 당신의 물건을 아예 받지 못할 수도 있습니다. 많은 인터넷 사기들이 있습니다. 당신은 그들을 조심해야 합니다. 그럼에도 불구하고, 좋은 온라인업체들도 많습니다. 당신은 인터넷으로 쇼핑을 할 때 환상적인 구매를 할 수 있습니다.

SAMPLE ANSWER

This passage is about online shopping. Online shopping is popular. It is easy and saves time. But, there are many dangers of online shopping. You might not receive things you order. You should beware of where you place an order from, because there are many online scammers. However, many nice Internet shopping malls are still available, and you can get a big discount from them. **Actually, I have always loved online shopping. I think I should be more cautious when I buy items on the Internet.**

scammer 사기꾼
discount 할인
cautious 신중한

이 글은 온라인 쇼핑에 관한 것입니다. 온라인 쇼핑은 인기 있습니다. 그것은 쉽고 시간을 절약해 줍니다. 그러나 온라인 쇼핑에는 많은 위험들이 있습니다. 당신은 당신이 주문한 것을 받지 못할 수도 있습니다. 당신은 당신이 주문하는 곳에 주의를 해야 합니다. 왜냐하면 많은 인터넷 사기꾼들이 있기 때문입니다. 그러나 좋은 온라인 쇼핑몰들이 많이 있고 당신은 큰 할인을 받을 수 있습니다. 사실 저는 온라인 쇼핑을 무척 좋아합니다. 인터넷으로 물건을 살 때는 더 조심해야겠습니다.

🔑 Key Expressions

beware of ~	~을 조심하다
place an order	주문하다
get a big discount	큰 할인을 받다

 Tips

cautious (조심스러운, 신중한)
- cautious in ~하는 데 주의하는
- cautious of ~에 대해 조심하는
- cautious with ~의 취급에 조심하는

나만의 표현으로 요약하기 A

지문을 다시 들어보고 요약하는 연습을 해봅시다. 🎧 SPA29_A

SAMPLE ANSWER

This passage is about

Actually, I have

Expression Checkup

1. I'd like to _____ _____ _____ for a steak. 스테이크를 주문하고 싶은데요.

2. You can get _____ _____ _____ with this card. 너는 이 카드로 큰 할인을 받을 수 있다.

❶ place an order ❷ a big discount

실전 유형 연습하기 B

Q2 Listen to the passage and summarize it to the best of your ability.

Jane recently bought a used car. The dealer told her the car never had an accident. She paid nine thousand dollars for it. A week later, the car broke down in the middle of a highway. She found out later that the car had two serious accidents before she bought it. She was angry with the dealer.

dealer 딜러
accident 사고
highway 고속도로

제인은 최근에 중고차를 샀습니다. 딜러는 그녀에게 그 차는 사고가 난 적이 결코 없다고 말했습니다. 그녀는 차에 9천 달러를 지불했습니다. 1주일 후에, 그 차는 고속도로 중간에서 고장이 났습니다. 그녀는 그녀가 그 차를 사기 전에 두 번의 심각한 사고가 있었다는 것을 나중에 알았습니다. 그녀는 그 딜러에게 매우 화가 났습니다.

SAMPLE ANSWER

This story is about Jane's car. Jane lately bought a second-hand car. The salesman told her it had never been in an accident. It cost nine thousand dollars. One week later, the car stopped working on a highway. She found out the car had two big accidents before and now she's angry at the dealer. **Actually, I have met a dealer just like him. I remember that I was mad at him.**

second-hand 간접의, 중고의
salesman 판매원
cost 비용이 들다

이 이야기는 제인의 차에 관한 것입니다. 제인은 최근에 중고차를 샀습니다. 판매원은 그녀에게 그 차는 사고 난 적이 결코 없다고 했습니다. 차는 9천 달러였습니다. 1주일 후에 차는 고속도로에서 멈췄습니다. 그녀는 차가 일전에 큰 두 사고가 있었다는 것을 알고 딜러에게 화가 났습니다. 사실 저도 꼭 그와 같은 딜러를 만난 적이 있습니다. 제가 기억하기로 저는 그에게 매우 화가 났었습니다.

🔑 Key Expressions

in an accident	사고로
be angry at	~에(게) 화를 내다
just like ~	꼭 ~와 같은

Tips   cost의 과거형은 cost
- ⭕ It **cost** a lot to build this house. 이 집을 짓는 데 많은 비용이 들었다.
- ❌ It **costed** a lot to build this house.

나만의 표현으로 요약하기 B

지문을 다시 들어보고 요약하는 연습을 해봅시다. 🎧 SPA29_B

SAMPLE ANSWER

This story is about

Actually, I have

Expression Checkup

1. He looks _____ _____ his father. 그는 꼭 그의 아버지 같다.

2. She lost her son _____ _____ _____. 그녀는 사고로 그녀의 아들을 잃었다.

❶ just like ❷ in an accident

UNIT 29 Shopping

Retelling 복습

실전 유형 A

From the passage
many people do
convenient
what you ordered
be careful
good online businesses
fantastic deals

Paraphrased
is popular
easy
the things you ordered
beware of
nice Internet shopping malls
get a big discount

실전 유형 B

From the passage
a **used** car
had an accident
paid nine thousand dollars
broke down
serious accidents
was **angry with**

Paraphrased
a **second-hand** car
have been in an accident
cost nine thousand dollars
stopped working
big accidents
was **mad at**

UNIT 30 Travel

지문 듣기 연습

빈 칸에 들어갈 단어 위주로 들어봅시다. 🎧 SPA30_1~2

Q1

James recently went on _____ to Bali for four days. Upon returning home, he _____ from the hotel where he stayed. The hotel informed James that he _____ behind in the room. The hotel asked if he wanted the items _____ to him. James was quite _____ the hotel's _____. James will _____ to his co-workers.

went on a business trip	출장 갔다
left his personal belongings behind	소지품을 두고 왔다
asked if	~인지 아닌지 물었다
was quite impressed with ~	~에 꽤 감동했다
customer service	고객 서비스

Q2

Steve and his friend have planned to go on _____ together. However, the two of them _____ where to go. Steve _____ to Cambodia and visit Angkor Wat. However, his friend says that instead of visiting a relatively _____ where the weather is hot and humid, he'd rather go to a developed country with _____, like Japan. The two of them agreed to _____ to decide where to go.

go on an overseas trip	해외 여행을 가다
where to go	어디에 갈지
instead of ~	~ 대신
relatively unsafe	상대적으로 위험한
developed country	선진국
agreed to	~에 동의하다
toss a coin	동전을 던지다

실전 유형 연습하기 A

Q1 Listen to the passage and summarize it to the best of your ability.

James recently went on a business trip to Bali for four days. Upon returning home, he received an e-mail from the hotel where he stayed. The hotel informed James that he had left his personal belongings behind in the room. The hotel asked if he wanted the items to be sent to him. James was quite impressed with the hotel's customer service. James will recommend the hotel to his co-workers.

business trip 출장
upon 목전에 닥친
inform 알리다
belongings 소지품
impressed 감명 받은
recommend 추천하다
co-worker 직장 동료

제임스는 최근에 4일간 발리로 출장을 갔습니다. 집에 돌아와서, 그는 머물렀던 호텔로부터 이메일을 받았습니다. 그 호텔은 그가 방에 소지품을 두고 갔다고 알려 주었습니다. 호텔은 그 물건들을 보내주기를 원하는지 물었습니다. 제임스는 호텔의 고객서비스에 꽤 감동을 받았습니다. 그는 그 호텔을 동료들에게 추천할 것입니다.

SAMPLE ANSWER

This story is about James' business trip. James went to Bali **for a business trip** for four days. When he got home, he got an e-mail from the hotel where he stayed. The hotel said he had left some of his stuff there. Also, they **were willing to** send them back to him. James **was surprised with** the hotel's quality service and will recommend this hotel to his colleagues. **Actually, I go on a business trip once in a while. I think the hotel service is very important.**

stuff 소지품
quality 질, 우수함

이 이야기는 제임스의 출장에 관한 것입니다. 제임스는 4일 동안 발리로 출장을 갔습니다. 그가 집에 왔을 때, 그는 그가 머무른 호텔로부터 이메일을 받았습니다. 호텔은 그가 거기에 소지품을 두고 갔다고 했습니다. 또한 그들은 기꺼이 그것들을 그에게 보내주겠다고 했습니다. 제임스는 그 호텔의 뛰어난 서비스에 놀랐고, 이 호텔을 그의 동료들에게 추천할 것입니다. 사실 저는 가끔 출장을 갑니다. 호텔 서비스는 매우 중요하다고 생각합니다.

🔑 Key Expressions

for a business trip	출장으로
be willing to ~	기꺼이 ~하다
be surprised with ~	~에 놀라다

4형식 동사 'send'
- You should **send** the letter to him. 너는 그에게 편지를 보내야 한다. 〈3형식〉
- You should **send** him the letter. 〈4형식〉

나만의 표현으로 요약하기 A

지문을 다시 들어보고 요약하는 연습을 해봅시다. 🎧 SPA30_A

SAMPLE ANSWER

This story is about

Actually, I go

Expression Checkup

1. I want to _____ _____ flowers for her birthday. 나는 그녀에게 생일선물로 꽃을 보내고 싶다.

2. They were _____ _____ sacrifice their lives. 그들은 기꺼이 목숨을 희생하려고 했다.

① send her ② willing to

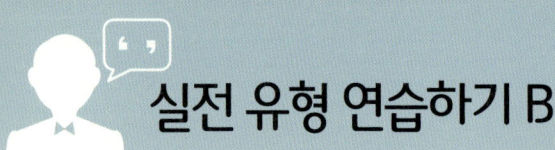

실전 유형 연습하기 B

Q2 Listen to the passage and summarize it to the best of your ability.

Steve and his friend have planned to go on an overseas trip together. However, the two of them cannot decide where to go. Steve would like to go to Cambodia and visit Angkor Wat. However, his friend says that instead of visiting a relatively unsafe country where the weather is hot and humid, he'd rather go to a developed country with better weather, like Japan. The two of them have agreed to toss a coin to decide where to go.

humid 습한
relatively 비교적
toss 던지다
coin 동전

스티브와 그의 친구는 함께 해외 여행을 가기로 했습니다. 그러나 둘은 어디 갈지 결정하지 못합니다. 스티브는 캄보디아에 가서 앙코르 와트를 방문하고 싶습니다. 그러나 그의 친구는 날씨가 덥고 습한 비교적 안전하지 않은 곳을 방문하는 것보다는 일본처럼 날씨가 좋은 선진국에 가고자 합니다. 둘은 어디에 갈지 결정하기 위해 동전을 던지기로 했습니다.

SAMPLE ANSWER

This story is about Steve's overseas trip. Steve and his friend will travel out of the country together, but they are having trouble choosing a destination. Steve wants to go to Cambodia and visit Angkor Wat. On the other hand, his friend thinks that it is not safe and the weather is hot and wet. He suggests to travel to a safe country with nice weather, such as Japan. They decide to flip a coin to choose a place to go. **Actually, I, myself, have been planning a trip with my friends for several days. I think it is very difficult to meet with everyone's satisfaction.**

destination 여행지
wet 비 오는
flip 뒤집다

이 이야기는 스티브의 해외 여행에 관한 것입니다. 스티브와 그의 친구는 함께 해외 여행을 할 것입니다. 그러나 그들은 여행지를 고르는 데 어려움을 겪고 있습니다. 스티브는 캄보디아에 가서 앙코르 와트를 방문하고 싶습니다. 반면에 그의 친구는 그곳이 안전하지 않고 덥고 습한 날씨라고 생각합니다. 그는 일본처럼 좋은 날씨를 가진 안전한 나라로 여행가기를 제안합니다. 그들은 동전을 던져서 장소를 정하기로 합니다. 실제로 저 자신도 며칠 동안 친구들과의 여행을 계획하고 있습니다. 제 생각에 모든 사람을 만족시키는 것은 어려운 것 같습니다.

🔑 Key Expressions

I, myself,	나 자신은 (강조)
meet with one's satisfaction	~의 만족을 얻다

meet with something: (특정한 대우, 취급을) 받다. ~에 맞닥뜨리다
- His proposal **met with** resistance from the others. 그의 제안은 다른 사람들의 저항에 맞닥뜨렸다.
- He may have **met with** a serious danger. 그는 심각한 위험에 맞닥뜨렸을지도 모른다.

나만의 표현으로 요약하기 B

지문을 다시 들어보고 요약하는 연습을 해봅시다. 🎧 SPA30_B

SAMPLE ANSWER

This story is about

Actually, I,

Expression Checkup

1. She, _____ doesn't know the truth. 그녀 자신도 진실을 모른다.

2. They _____ _____ an accident on the way home. 그들은 집에 가는 도중에 사고에 맞닥뜨렸다.

① herself ② met with

Retelling 복습

실전 유형 A

From the passage
went on a business trip to Bali
received an e-mail
inform that
personal **belongings**
left ~ behind
impressed with
customer service
co-workers

Paraphrased
went to Bali for a business trip
got an e-mail
said that
his **stuff**
left ~ there
surprised with
quality service
colleagues

실전 유형 B

From the passage
have decided to
overseas
cannot decide
where to go
would like to
However,
says that
humid
like
toss a coin
decide where to go

Paraphrased
will
out of the country
are **having trouble** -ing
destination
want to
On the other hand,
suggests that
wet
such as
flip a coin
choose a place

Actual Test 1~5

Actual Test 1

🎧 SPA_A1_1

Q1 How would you describe your personality?

🎧 SPA_A1_2

Q2 When you visit a foreign country, what do you usually do there?

🎧 SPA_A1_3

Q3 Which do you prefer: e-books or printed books? Please explain in detail.

Q4 Please describe the graph to the best of your ability.

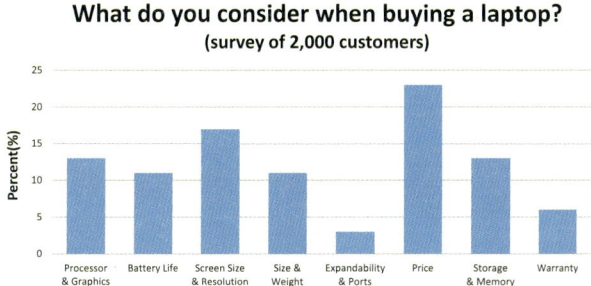

Q5 Listen to the passage and summarize it to the best of your ability.

Actual Test 2

🎧 SPA_A2_1

Q1 What does the word "teamwork" mean to you?

🎧 SPA_A2_2

Q2 Which do you prefer: a package tour or a tour that you arrange yourself?

🎧 SPA_A2_3

Q3 Do you think there is an SNS addiction among the youth of today? Why or why not?

🎧 SPA_A2_4

Q4 Please compare and contrast these two pictures to the best of your ability.

🎧 SPA_A2_5

Q5 Listen to the passage and summarize it to the best of your ability.

Actual Test 3

Q1 Please tell me about your recent vacation.

Q2 What is the most important factor when you choose a restaurant?

Q3 In your opinion, what is the most important current issue in Korea?

🎧 SPA_A3_4

Q4 Convince me to buy the product in the picture.

_____
_____
_____
_____
_____

🎧 SPA_A3_5

Q5 Listen to the passage and summarize it to the best of your ability.

_____
_____
_____
_____
_____

Actual Test 4

SPA_A4_1

Q1 Do you shop online? Why or why not?

SPA_A4_2

Q2 What do you think you will be doing five years from now?

SPA_A4_3

Q3 Talk about one advantage and one disadvantage of working for a large company.

Q4 Please describe the graph to the best of your ability.

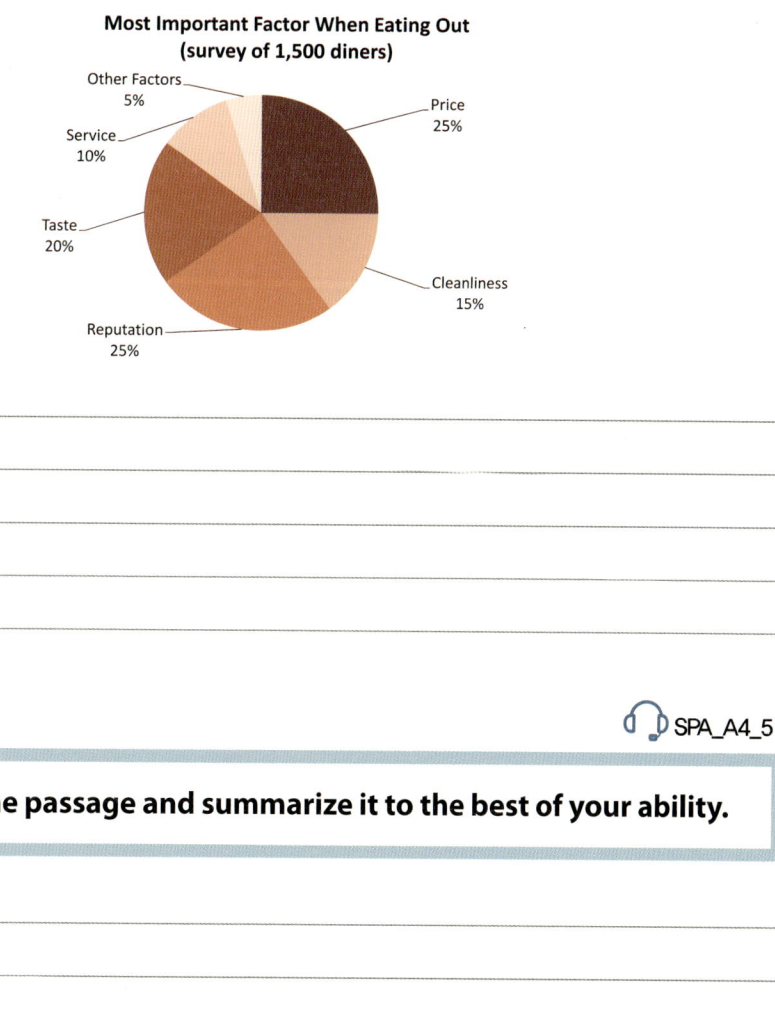

Q5 Listen to the passage and summarize it to the best of your ability.

Actual Test 5

Q1 Would you describe your typical weekend?

Q2 What do you think is mankind's greatest invention? Why?

Q3 Do you think recycling is the best way to protect our environment?

🎧 SPA_A5_4

Q4 Please describe the picture to the best of your ability.

🎧 SPA_A5_5

Q5 Listen to the passage and summarize it to the best of your ability.

Appendix:
SPA 핵심 어휘

base salary	기본급
incentives	격려금
investment	투자
benefit package	복리후생
health insurance	건강보험
monthly salary	월급제
market share	시장 점유
durability	내구성
functionality	기능성
flexibility	유용성, 유연성
fair price	적당한 가격
competitive price	경쟁적 가격
distributor	유통업자
supplier	제공 업체, 공급 업체
profitability	수익성
profitable	이익이 많은, 유익한
purchasing	구매
business management	경영
business strategy	사업 전략
retailer	소매 업체
wholesaler	도매 업체
supervisor	상사, 상관
colleague	동료 (직원)
on-the-job training	실무 교육 = OJT
manager	관리자, 경영자
director	이사, 임원
president	회장

executives	경영진
founder	창립자
department	부서
corporation	기업
stocks	주식
appliance	가정용 기기
route	경로
strike	파업
paid vacation	유급 휴가
legacy	유산
childcare center	탁아소
take care of ~	~을 돌보다
be in favor of ~	~을 찬성하다
be against ~	~을 반대하다
consider	고려하다
rent	임대하다
go abroad	해외로 가다
located in ~	~에 위치한
deal with ~	~을 다루다, 처리하다
worth -ing	~할 가치가 있는
be interested in~	~에 관심이 있다
apologize	사과하다
based on ~	~에 근거하여
pay attention to ~	~에 주목하다, ~에 유의하다
major in ~	~을 전공하다
leisure	여가
overseas	해외로

advantage	이점, 장점
disadvantage	약점
similarity	유사성
difference	차이점
opinion	의견, 견해
aspect	측면, 양상
situation	상황, 처지
achievement	업적, 성취
location	위치
traffic	차량, 교통량
complain	불평하다
avoid	피하다
prepare	준비하다
influence	영향력; 영향을 미치다
register	등록하다
support	지원하다, 지지하다
announce	발표하다
submit	제출하다
regret	후회하다
effective	효과적인
common	흔한; 공동의
rare	드문
positive	긍정적인
negative	부정적인
renowned	유명한
valuable	소중한, 가치 있는

잉글리쉬앤 모의테스트 응시인원 누적 130만명 돌파!!

10년 연속 모의테스트 1위 잉글리쉬앤의
최신 출제경향을 반영한

English&
TEST CENTER

정기시험 싱크로율 100% 도전

하나, 국내 모의테스트 **1위** 진행 회사(100여개 대학, 기업체, 학원 진행)
두울, 정기시험과 가장 유사한 모의테스트
세엣, 출제위원급 테스트 전문가의 **최신출제경향 완전분석** 반영 매달 출제
네엣, 응시 후 바로 **성적확인 및 세부결과분석** 자료 제공
 (정오표, 파트별 취약점, 해설, 음원)

TOEIC
성적 처리 24시간 이내 기능
- 매월 1~2폼 개발하여 현재 172폼 보유
- 누적 응시인원 130만명 돌파
- 대학교 졸업인증시험/학점반영
- 기업체 인사평가/신입사원선발

TOEIC Speaking
ETS와 동일한 평가로 진단
- 매월 1폼 개발. 현재 30폼 보유
- 누적 인원 10만명 돌파
- 검증된 다수의 원어민 평가
- 대학교 졸업인증시험
- 기업체 인사평가시험

English& TEST

TOEFL
정기 토플과 가장 유사한 시스템
- 국내 최고 권위의 디지털 조선과 제휴
- 100% ETS TOEFL 기출문제 사용
- 다수 대학/기업체/학원 진단평가로 사용

OPIc
실제 인터뷰와 최대한 가깝게 만들어진 응시자 친화형 평가
- 정기 오픽과 유사한 환경에서 진행
- 다수의 학교/기업/학원에서 진단평가로 활용

자세한 내용은 앤테스트센터(www.entest.co.kr) 에서 확인하실 수 있습니다.

 (주)잉글리쉬앤 www.english.co.kr

TOEIC / SPEAKING 레벨 UP!! Project

토익 고득점으로 가는 **Only Way**
세 개의 하모니, **유수연의 앤토익 3000제**

특별판

매 강의 PRE-TEST와 ACTUAL TEST / 국내 최고의 스타 강사 유수연 저자 직강 / TOEIC 실전서의 혁명

- **국내 최초!** CSS (Check Score System 도입)
- **국내 최다!** 15회분 3000제 문제 제공
- **국내 최대!** 10,000명 이상의 베타 테스트를 통한 점수 분석 데이터 제공
- **국내 최고!** 유수연 선생님과 잉글리쉬앤 언어공학연구소의 환상 조합
- **국내 최소!** 다양한 부가서비스가 무료로 제공 (http://entest.co.kr/entoeic)

GWEN's 앤토익 SPEAKING START & FINISH

토익스피킹 대표 강사 그웬 선생이 전하는 속도 위반 토익스피킹 마스터!
기본서와 실전서를 한 권에 담다!

START BOOK 초보탈출 3주 마스터
· 발음 / 억양 클리닉 강의
· 토익스피킹 TOP 5 토픽 공략
· QR 코드 제공

FINISH BOOK 실전모의고사 10회분 마스터
· 국내 최초 정기 스피킹 환경 제공
· 최신경향 문제 업데이트
· 레벨업 마무리 토익스피킹

피터쌤의 앤토익 포인트
전국 대학생들이 선호한 TOEIC'S POINT

국내 최고 수준의 전문 개발팀인 잉글리쉬앤 언어공학연구소와
현직 대학교 초청특강 1위 & 강남 쿠키어학원 대표강사의 비법 공개!!!

더욱 강해져 돌아왔다!
앤토익 포인트 전면 개정판!!

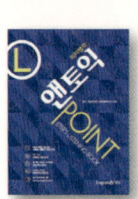
피터쌤의 앤토익 포인트 LC
· 핵심을 꿰뚫는 비결 듣기
· PART 유형별 비법 공략
· 알기 쉬운 CHECK-UP 문제

피터쌤의 앤토익 포인트 RC
· 핵심을 꿰뚫는 문법 설명
· 선별된 예문과 적중 어휘
· QR 코드로 뜨는 저자 직강